1 MONTH OF
FREE
READING

at

www.ForgottenBooks.com

By purchasing this book you are eligible for one month membership to ForgottenBooks.com, giving you unlimited access to our entire collection of over 700,000 titles via our web site and mobile apps.

To claim your free month visit:

www.forgottenbooks.com/free690267

ISBN 978-0-267-13705-3
PIBN 10690267

Neue Zeiten.

Schauspiel in drei Aufzügen

von

Adolf Wilbrandt.

❦ Bühnen-Manuskript. ❧

Berlin.

Gedruckt bei Julius Sittenfeld.

1890.

Perſonen.

Frau **Paula Dolberg**.

Frau **von Brühl**, deren Mutter.

Herr **von Leppin**.

Lucie von Leppin.

Anton Meerveld, deren Bruder.

Frau **von Heide**.

Alma, deren Tochter.

Frau **Schwarzenbeck**.

Ulrich Eckard.

Felix Eckard, deſſen Bruder.

Oskar, des Lehteren Sohn.

Arenberg.

Müller, Reſerveleutnant.

Frau **Molly Berger**.

Käthchen, deren Nichte.

Fräulein **Hannchen**.

Frau **Regine**, Ulrich Eckards Haushälterin.

Wiencke, ein Arbeiter.

Ein **Diener** der Frau Paula Dolberg.

Ein **Diener** Ulrich Eckards.

Herren und Damen. Diener.

Die Handlung ſpielt in der Gegenwart, in der Hauptſtadt.

Anmerkung. Paula iſt einige dreißig, Molly einige vierzig Jahre alt gedacht; Ulrich Eckard höchſtens fünfundvierzig.

Meerveld iſt zu ſprechen: Meerfeld.

Der Verfaſſer hat auf ein natürlich-raſches Tempo, wo es angeht, gerechnet; er erſucht die Herren Bühnenleiter und Regiſſeure angelegentlich und herzlich, in dieſem Sinne auf die Darſtellung ein= zuwirken.

Erster Aufzug.

Saal in der Wohnung der Frau Paula Dolberg. Reiche und geschmack-
volle Ausstattung. Rückwärts ein kleinerer Saal, durch offene Thüren mit
dem vorderen verbunden; an der Hinterwand des kleineren Saals der
Eingang vom Vorplatz. Vorne rechts Eingang in ein Spielzimmer,
durch einen schweren Vorhang geschlossen; links Mitte eine Thür zu
anderen Gesellschaftsräumen, mit geöffnetem Vorhang. Alles ist festlich
erleuchtet.

Erster Auftritt.

Paula, Frau von Brühl, Frau von Heide, Frau Schwarzenbeck, Fräulein
Alma, Fräulein **Hannchen, Meerveld, Arenberg, Oskar** und andere
Gäste; Lucie von Leppin. (Die Gesellschaft ist im vorderen Saal ver-
streut, stehend oder sitzend, plaudernd. Lucie tritt eben von rückwärts
in den hinteren Saal, kommt dann nach vorne.)

Paula (zu Meerveld). Ah, da kommt Ihre Schwester.
(Geht ihr entgegen.) Guten Abend, liebe Lucie.

Lucie. Es ist wirklich komisch, wie oft ich mich ver-
späte. Ich wollte eine Stunde früher — — (Unterbricht sich,
Paulas Anzug musternd.) Ah! Heute wollen Sie einmal durch
Einfachheit glänzen. Aber wie poetisch. Eine griechische
Göttin —

Paula. Spotten Sie doch nicht. Neben Ihnen seh'
ich heute aus wie Aschenbrödel. Diese Pracht! Wie eine
Königin!

Lucie. Nein, sagen Sie das nicht; ich komme mir
neben Ihnen so überladen vor. Das einfach crêmeweiße
Kleid, der goldene Gürtel, die Sappho-Frisur ... Exquisit!
(lächelnd, mit verhaltenem Groll) Sie sind recht perfid, Paula:
immer eine Ueberraschung, durch die Sie uns Andere schlagen!

Paula. Um Gottes willen; ich will niemand schlagen; ich will nur an meinem Mittwoch zufriedene Gäste

haben, denen bei mir wohl wird. (zu Frau von Brühl) Liebe Mutter, da ist sie, du kannst sie nun ausfragen.

Frau von Brühl. Meine liebe Frau von Leppin, wollen Sie so gut sein und mir über den geplanten Wohlthätigkeits=Bazar etwas Auskunft geben?

Lucie. Ach du lieber Gott! Nach so langweiligen Dingen müssen Sie meinen Mann fragen. Er wird auch noch kommen; später; wie gewöhnlich. (Wendet sich zu Frau von Heide und Frau Schwarzenbeck, beginnt mit ihnen zu plaudern.)

Alma (vorne seitwärts, halblaut zu Meerveld). Ach ja, Ihre Schwester hat Recht: Frau Dolberg ist wieder am reizendsten gekleidet; so distinguirt. Finden Sie nicht auch?

Meerveld (halblaut). Ihre Bemerkung ist rührend neidlos, Fräulein Alma; aber ich bin nicht Ihrer Ansicht.

Alma. Warum nicht? — Ach so! Sie meinen, Ihre Schwester —?

Meerveld. Nein, so ein Familien=Vorreiter bin ich nicht. Lucie sieht pompös aus, und Frau Paula klassisch; aber beiden Toiletten fehlt doch etwas; sehen Sie das nicht?

Alma. Nein, ich wüßte nicht.

Meerveld. Sie haben es, Fräulein Alma.

Alma (sieht an sich hinunter). Wo denn?

Meerveld. Ueberall. Die Jugend. Meine Schwester und Frau Paula sind in den „besten Jahren"; damit meint man die minder guten. Eine reife Frau, eine reife Witwe; alle Achtung; aber ich ziehe doch Ihre Toilette vor, Fräulein Alma. Sie sind hier Schneewittchen!

Alma (ihre Freude zu verbergen suchend). Ich weiß, Sie sagen das nur, um mich in Verlegenheit zu bringen und dann zu verspotten; denn so sind Sie immer. Jugend! Auch junge Hunde sind jung!

Meerveld. Auch menschliche Säuglinge; aber die mein' ich nicht. Ich meine die schönste Jugendblüthe eines schönen Mädchens, und zwar eines ganz bestimmten; und ich bitte Sie, mir nicht mehr zu widersprechen.

Alma (sucht zu lächeln). Dann will ich des lieben

Friedens wegen schweigen — und so thun, als glaubte ich Ihnen. (für sich) Ob er es wirklich so meint? — Ach, das weiß man nie!

Meerveld. Sehen Sie, Fräulein Alma: ich gelte für einen herzlosen Spötter, weil ich nicht sentimental bin und gern meine Witze mache; aber wie mein großes Vorbild Heinrich Heine hab' ich doch auch ein Herz — das „dem Meere gleicht" und so weiter — und es gehn darin Dinge vor, von denen so eine sanfte Mädchenseele keine Ahnung hat. Sie denken vielleicht, Meerveld kann nicht lieben; aber wie sagt Heine?

„Ich hab' mit dem Tod in der eigenen Brust
„Den sterbenden Fechter gespielet" —

(Er sieht ihr dabei fest in die Augen; Alma, mit ihrer Bewegung kämpfend, wendet sich endlich seitwärts.)

Paula (hat inzwischen mit den andern Frauen gesprochen). Nun, da werden wir Herrn Meerveld fragen; der weiß ja von Allem. Herr Meerveld!

Meerveld. Zu Befehl! (leise zu Alma) Ich hab' Ihnen noch viel zu sagen . . . (Geht von ihr hinweg zu den Frauen.) Womit kann ich dienen?

Lucie. Ist es wahr, Bruder, daß die kleine Friedland, die schwarze, die kokette, sich mit Bankier Lohmann verlobt hat?

Meerveld. Er mit ihr, das weiß ich; aber ob auch sie mit ihm, das ist mir noch unbekannt. Meine Damen, da müssen Sie die große Brautmutter fragen, die Allverloberin!

Frau von Brühl. Wen meinen Sie damit?

Meerveld. Nnn, die Allerweltstante; die sogenannte Tante Molly. „Wo still ein Herz in Liebe glüht", da ist ja Tante Molly dabei. Wo noch keines glüht, da macht sie den Bolzen heiß. Die wird's doch wohl wissen!

Paula (ruhig ernsthaft). So müssen Sie von Tante Molly nicht reden, Herr Meerveld. Die ist eine Frau, wie Sie keine zweite kennen. Für Ihre kleinen Scherze ist die Frau zu gut.

Meerveld (eine gereizte Bewegung unterdrückend). Ich beuge mich in Ehrfurcht; erlaube mir aber doch unmaßgeblich zu bemerken, daß sie von aller Welt die Allerweltstante genannt wird — also doch wohl mit Recht. Da es sich aber bei ihren sogenannten Nichten gewöhnlich um Verlobung handelt, so habe ich mir erlaubt, sie die „Allverloberin" zu nennen; also doch wohl auch mit Recht. Bei Verlobungen Beistand leisten wird ja auch durch keinen Paragraphen des Strafgesetzbuchs verfolgt —

Paula. Sie wissen offenbar nicht, warum die Frau so geliebt wird. Ich nenne sie auch „Tante Molly"; ich denke aber durchaus nicht mich nochmals zu verloben. Wir hängen so an ihr, weil sie für Jede von uns ein so goldenes Herz hat --

Hannchen (hat sich während der letzten Reden mit Alma und andern jungen Mädchen um Meerveld herumgestellt; eifrig, erregt). Und wir lieben sie alle, unsre Tante Molly — und wenn es keine Männer gäbe, würden wir sie darum nicht so viel weniger lieben —

Alma. Wir vergöttern sie!

Die anderen jungen Mädchen (erregt durcheinander). Wir lassen sie nicht angreifen! — Wir leben und sterben für die Tante Molly!

Meerveld (hält sich scherzend die Ohren zu). Wenn die Damen fertig sind, bitte ich um's Wort. (Läßt seine Ohren frei.) Großer Gott! Auf ein so gefährliches Wespennest war ich nicht gefaßt. Vor solchen Nestern, meine Damen, müßten Warnungstafeln aufgehängt werden —

Paula. Das geschieht auch, Herr Meerveld. Sie haben sie nur nicht gesehn.

Meerveld. Wo befindet sich diese Warnungstafel, wenn ich fragen darf?

Paula. Auf dem guten Gesicht unserer Tante Molly. Mit großer, deutlicher Schrift!

Meerveld. Ich werde also künftig zum Monocle greifen, wenn ich das „gute Gesicht" der Tante Molly

ansehe. (im Kreis der jungen Damen umherblickend) Das hoch=
verehrte Wespennest wird mir aber wohl die devoteste Be=
merkung gestatten, daß diese allgemeine Mustertante doch
auch ihre — nun, sagen wir: ihre Eigenthümlichkeiten
hat —

Hannchen. So? Welche, welche?

Meerveld. Erstens — wenn Grobsein eine Tugend ist,
so ist sie sehr tugendhaft; mehr als alle Damen zusammen=
genommen, die ich das Glück habe zu kennen. Zweitens
erzählt sie gern Geschichten, aber die der andern: Jemand
fängt eine Anekdote an, sie kennt sie — natürlich, denn sie
kennt alle Anekdoten der gemäßigten Zone — was thut
sie? Mit einem geschickten Griff wirft sie den Erzähler
aus dem Sattel, schwingt sich selber hinein und erzählt die
Geschichte zu Ende. (zu Paula) Erlauben Sie: darum
sollte man noch eine Warnungstafel aufhängen, in der
Nähe des „guten Gesichts": „Fange keine Anekdoten an,
hier kommt Tante Molly!" (Lucie, Frau Schwarzenbeck und die
jungen Männer lachen.)

Paula. Das ist gewiß eine kleine Schwäche; aber
doch so unschuldig —

Hannchen. Und sie erzählt die Geschichten so gut,
wie keiner von den Andern!

Die jungen Mädchen (durcheinander). Und das ist
die Hauptsache! — Und es lebe Tante Molly!

Meerveld (nachdem er sich wieder die Ohren zugehalten).
Meine Damen, ich werde also nichts mehr sagen, sondern
mir nur noch was denken. Oder ist auch das in der
Nähe dieses hochverehrten Wespennestes verboten? Ich
fühle mich schon ähnlich eingeschüchtert wie mein kleiner
Neffe, der ein fünfjähriger Knirps war, als er (auf Lucie
deutend) mit meiner Schwester und mit dieser Tante Molly
zum ersten Mal in eine katholische Kirche kam. Eine Weile
sah er sich die leere, stille, feierliche Kirche in feierlichem
Schweigen an —

Zweiter Auftritt.

Die Vorigen; Tante Molly (ist schon etwas früher von rückwärts in den hinteren Saal eingetreten, steht jetzt auf der Schwelle zwischen beiden Sälen; hinter ihr folgt) **Käthchen.**

Alma (halblaut). Da ist Tante Molly!

Molly. Ja, ich war dabei; ein allerliebstes Kinder= geschichtchen. Endlich zupft er seine Tante am Arm und flüstert mit seinem zwitschernden Stimmchen: „Tante Lucie, darf man hier etwas Drolliges denken?" (Allgemeiner, lauter Ausbruch der Heiterkeit. Molly blickt die Gesellschaft verwundert an, tritt näher.) Ja, ist denn das so komisch? Ich finde es mehr rührend als komisch —

Lucie. Entschuldigen Sie, meine Gute: wir lachen nicht über die Geschichte, sondern über Sie.

Meerveld. Ich hatte mir eben erlaubt, zu bemerken, daß Sie gern fremde Geschichten annektiren —

Lucie. Und mit dem bekannten Talent haben Sie das sogleich beim Eintreten gethan!

Molly (ruhig). Na ja, natürlich: Herr Meerveld ist ja gar nicht im Stande, einen fünfjährigen Jungen in einer Kirche zu sprechen. Guten Abend, Paula. Allerseits guten Abend. Ich hab' mich mit Käthchen unterwegs verspätet; es war eine gar zu traurige, rührende Geschichte!

Meerveld. Eine Anekdote, wenn ich fragen darf?

Molly. Ach, gehn Sie mir mit Ihren „Anekdoten"; Sie haben ja gar nicht Spriet genug im Kopf, um mich lächerlich zu machen. (mehr zu den Andern gewendet) Vor dem Kriminalgericht, oder wie das Ding jetzt heißt, hatte sich ein ganzer Haufe Frauen und Kinder versammelt; zum Theil die richtigen Schmierfinken, aber auch ein paar aller= liebste Rothkäppchen dabei; — nach Beefsteak und Pudding sahen sie alle nicht aus. Ich gab den Rothkäppchen was, da erzählten die Alten mir: ihre Männer sind heut' im Schwurgericht verurtheilt, sie haben bei dem großen Strike einen bösen Krawall gemacht, auf die Polizei mit Steinen geworfen —

Käthchen. Auch mit Stöcken geschlagen —

Molly (mit einer entschiedenen unterbrechenden Geberde). Mein gutes Kind, meine Geschichten erzähle ich allein! — Auch mit Stöcken geschlagen; — kurz, sie müssen brummen. Die Frauen mit den Kindern wollten nun diese Uebelthäter noch einmal sehn; aber es hieß dann: sie sind schon fort. Da verfielen sie denn in ein allgemeines Schluchzen; und ich fragte sie: wovon lebt ihr denn, wenn eure Männer sitzen? — Oh! sagten die Frauen und schluchzten noch eine Strecke weiter; aber so ein nettes, naseweises Ding von zehn, elf Jahren, dünn und lang aufgeschossen, die sagte so im leisen Weinen: „Die Männer, die sie verurtheilt haben, daß sie sitzen müssen, das sind nicht alles böse Männer, es sind auch gute darunter; und die haben Geld gesammelt, davon sollen wir leben!" — — Kurz — (in unterdrückter Bewegung lächelnd) die Pointe von der Geschichte ist, daß wir recht abgebrannt herkommen; (zu Paula) leih mir zwei Mark, nach=her für die Droschke. Mein letztes Zweimarkstück wollt' ich eigentlich behalten; dann gab ich es aber doch noch hin und sagte: Dafür kauft Seife für euch alle, zum Abseifen!

Meerveld (mit kühlem, spöttischem Lächeln). Diese Ge=schichte ist gewiß sehr rührend — und am Schluß sehr reinlich; ich kann Ihnen dazu die Ergänzung und den Schlüssel geben, denn ich hab' einen Theil davon selbst mit angesehen. Ich war heute dabei, als die Kerle verdonnert wurden —

Molly. Sie waren im Schwurgericht?

Meerveld. Ja; wohl ein paar Stunden lang. Ich wollte mir doch einmal dies Gesindel anschauen, das uns, weil wir Geld haben, massacriren möchte und die ganze Gesellschaft auf den Kopf stellen will! — Es kam dann aber anders: ich hab' weniger diese Steinwerfer als die Geschworenen angesehn — oder vielmehr ihren Ob=mann; eine wunderbare Pflanze. Mir wird immer nicht gut, wenn ich den zu Gesicht bekomme —

Lucie. Wer war's denn?

Meerveld. Nun, der große Mann, der Menschen=freund — der Herr Eckard. Der da draußen die große Fabrik hat — Maschinen — und außerdem einen Sack

Geld — und statt des Gehirns noch ein Herz, wie mein Freund Landauer sagt. Ich hatte keine Ahnung, daß der große Mann die Sache so komisch beenden würde: denn er saß furchtbar ernst und bedeutend da — als wäre er der Gerichtshof und die Geschworenen alles in Einer Person —

Paula. Ich bitte, Herr Meerveld, lassen Sie Ihrer guten Laune nicht zu sehr die Zügel schießen. Es sind hier Leute, die diesen Herrn Eckard hoch schätzen —

Käthchen (halblaut). Und da steht sein Neffe. (Deutet nach hinten, seitwärts, auf Oskar, der, an dem Gespräch nicht theilnehmend, scheinbar in ein Photographien-Album vertieft, Paula oft und mit sichtbarer Bewunderung betrachtet.)

Meerveld. Ich bin heute offenbar dazu angestellt, in Wespennester zu stoßen! — Richtig, Herr Oskar Eckard . . . (Oskar, seinen Namen hörend, horcht auf, tritt näher.) Ein Mißverständniß, Herr Eckard: ich rief Sie nicht, ich nannte nur Ihren Namen. Also Ihr Onkel, der alte Eckard, den wir ja alle hochschätzen — für sein vieles Geld und auch für sein großes Herz — er saß da wie ein alter Römer; wie der Cassius oder Brutus, der seine eigenen Söhne verurtheilte; mit jeder Minute wurde er um einen Schatten düsterer und um einen Straftag strenger. Ich war wie hypnotisirt, mußt' ihn immerfort ansehn; endlich kriegt' ich das Lachen — — bitte tausendmal um Vergebung; wir schätzen ihn ja alle! Die Verhandlung war aus, die Geschworenen zogen ab, zur Berathung; und ich aß Chokolade. Als sie wiederkamen, tritt Herr Eckard als Obmann vor, noch um eine Nuance verdüstert; aber er hatte zugleich so etwas wie Niobe in seinem versteinerten Gesicht. Ich erschrak ordentlich, als diese Statue den Mund aufthat und zu reden anfing; es kam aber auch heraus, wie wenn seine Zunge von Erz wäre: alle Angeklagten schuldig! alle! — — Aber, meine Herrschaften, was geschieht daraus? Das erräth kein Mensch! Während der Gerichtshof sich zurückzieht, über das Strafmaß zu berathen, wendet sich Herr Eckard an seine Kollegen, die Geschworenen, und fängt an zu sammeln;

für wen sammelt er? Für die Verurtheilten; das heißt, für die Frauen und Kinder . . . Da fiel mir doch wieder ein, was mein Freund Landauer über ihn gesagt hatte — obwohl wir alle ihn hoch schätzen — und ich machte, daß ich wieder an die freie Luft kam . . . (zu Molly gewendet) Und nun haben Sie den Schlüssel zu Ihrer rührenden Geschichte mit der grünen Seife!

Oskar. Ich kann Ihnen nicht verwehren, Herr Meerveld, das Benehmen meines Onkels etwas — sonderbar zu finden; nur weiß ich nicht, warum Sie in diesem Ton —

Molly. Mein guter Oskar, das sollten Sie doch wohl wissen: Herr Meerveld hat nur diesen einen Ton, also spricht er in ihm. Was soll er denn anders thun?

Meerveld. Gnädige Frau, ich glaube, Sie miß= brauchen ein bischen die Vorrechte Ihres Geschlechts —

Molly. Ich glaub's nicht, Herr Meerveld. Sobald Sie einmal über eine ernste Sache ohne alle Späße sprechen, werd' ich ebenso ehrlich sagen: Herr Meerveld hat zwei Töne! (zu Oskar) Uebrigens, wieso „sonderbar"? Was ist dabei sonderbar, junger Herr, daß Ihr Onkel die Kerle verurtheilt und für ihre Familien sammelt? Sie haben in der Leidenschaft große Dummheiten gemacht — die Kerle, mein ich — dafür müssen sie sitzen; und weil das eine sehr ernste Sache ist, so sah Herr Eckard senior sehr ernst dabei aus; das hätte ich auch gethan. Aber sie sind unschuldig und sollen nicht verhungern — die Frauen und die Würmer, mein ich — darum muß man sich ihrer an= nehmen; und weil das eine reine Menschensache ist, so hat Herr Eckard den Richter ausgezogen und den Menschen an — das hätte ich auch gethan! (zu Meerveld) Uebrigens können Sie sich heute durch den alten „Brutus" noch ein= mal hypnotisiren lassen: er kommt selber hierher. .

Oskar (überrascht). Wie? Mein Onkel?

Paula. Herr Eckard? — Wirklich, Tante Molly?

Molly (nickt). Er hat mir's geschrieben. Ich hatte

ihm gemeldet, daß Du ihn gern einmal sprechen würdest; und heute Abend wäre Dein Empfangstag. Darauf kam ein Billet von ihm: „Also gut, ich komme. Eckard."

Meerveld. Kurz wie ein Spartaner!

Lucie. Ich kann es noch gar nicht fassen, meine Damen: Herr Eckard giebt uns die Ehre. Der Herr ist sonst so abwehrend und so menschenscheu —

Molly. Menschenscheu wohl nicht; aber leute= scheu. Unsern Jourfixes und Routs und Diners geht er aus dem Wege, da sind zu viel „Leute". Die Menschen hat er sehr gern!

Lucie (gezwungen lächelnd). Wirklich, ich muß sagen, gnädige Frau, mein Bruder hat Recht: Sie sind manch= mal reichlich grob. Sie befinden sich doch eben auf so einem „Jourfixe" ... Uebrigens, was Sie mit Ihrer schon bekannten Unterscheidung von „Menschen" und „Leuten" eigentlich sagen wollen, das versteh' ich nicht recht!

Molly. Nun, je nachdem. Auf unsere Kreise an= gewendet mein' ich mit „Leuten" Solche, die nur etwas haben, und mit „Menschen" Solche, die auch etwas sind. Das ist meine Logik; wenn Sie eine andere haben —

Paula (legt ihr scherzend und zart die Hand auf den Mund). Um Gottes willen keine Logik, Tante Molly! (für sich, rasch) Sie wird wirklich zu grob. Ich werf' ihr eine Anekdote hin, um sie abzusteuern! (laut) Meine Herrschaften, bei „Logik" fällt mir der Brief eines kleinen Provinzschusters ein, den mein Bruder Alfred bekam, als er noch ein grüner Junge und bei der Landwirthschaft war. Er hatte seine Stelle gewechselt, ohne vorher den Schuster zu bezahlen oder ihm sonst eine Kunde von sich zu geben; darauf erhielt er folgenden Brief —

Molly. Ja, einen gelungenen Brief! Der Schuster, der offenbar so langsam schrieb, daß seine Gedanken nicht so lange warten konnten, begann mit folgendem Satz: „Geehrter Herr! Wenn ich einen Ort verlasse — so müssen Sie mir doch wenigstens melden — wo ich geblieben bin!" (Lachen der Gesellschaft. Molly zu Paula, ihre Wange streichelnd)

Verzeih; es war Deine Geschichte. Du bist eine prächtige Frau, aber Anekdoten erzählst Du nicht gut!

Paula (ihr das Streicheln zurückgebend, lächelnd). Ich fühle mich durchaus nicht gekränkt. — Meine Herren und Damen, nun aber, bitte, auf zur Musik! (Sie deutet nach links.) Fräulein Käthchen will uns etwas singen, und Herr Arenberg will begleiten. Nach der Musik bekommen Sie auch zu essen und zu trinken. Bitte, treten Sie an!

Arenberg (zu Käthchen). Erlauben Sie, mein Fräulein: ich führe Sie zum Klavier. (Giebt ihr seinen Arm.)

Meerveld (leise zu Lucie, während die Gesellschaft sich nach links entfernt). Mit Tante Molly werde ich noch abrechnen; wir sind noch nicht fertig —

Lucie (leise). Wir auch nicht! Ich schreibe an! (Beide ab nach links. Nur Molly und Alma sind noch auf der Bühne; Alma hält Molly zurück.)

Alma (schüchtern, zärtlich). Ach bitte, Tante Molly, bleiben Sie noch einen Augenblick. Oder — wollen Sie doch lieber hören, wie Käthchen —

Molly. Ihren Schumann singt? Das hör' ich ja alle Tage. Und dann ist Käthchen meine Blutsnichte, Sie sind eine Wahlnichte. Da bin ich immer auf dem Platz, wie die Feuerwehr. Nu, was giebt's denn, Kind?

Alma (verlegen). Geben? Geben gar nichts. Ich wollt' Sie nur — fragen, Tante Molly, ob Sie über diesen Herrn Meerveld auch so empört sind wie ich; (weicher, den Thränen nahe) ob es Ihnen auch so leid thut, daß er das Witzeln gar nicht lassen kann und Einem dann so kalt, so lieblos vorkommt — so — (Verstummt.)

Molly (für sich). Aha! (laut, ruhig) Nu, er ist ja noch jung; noch nicht dreißig, glaub' ich. Da spielt man noch gern mit seinen Witzen, wie kleine Mädchen mit Puppen. (indem sie Alma heimlich beobachtet) Das thut nichts; darum kann man doch das Herz auf dem rechten Fleck haben. Ich war auch mal witzig!

Alma. Meinen Sie, Tante Molly? daß er doch —

Molly. Ein Herz hat? Warum sollt' er nicht.

(scheinbar harmlos) Hat er sich gegen Dich noch nie darüber ausgesprochen? Dir noch nie zu verstehen gegeben, wie es unter seiner Weste aussieht?

Alma. Unter seiner Weste? — Nein. (mit einem An-lauf) Doch. Einmal. (leise) Heute Abend. — Das heißt — — (Verstummt.)

Molly (für sich). Ich dacht' mir's. — Von dem will ich Dich wohl loseisen, Kind! (laut, indem sie gemüthlich Alma's Arm nimmt und sie langsam, mit gelegentlichem Stehenbleiben, auf und nieder führt) Sehn Sie, meine gute Alma, dieser Meer-veld gehört wohl auch zu den verkannten Männern — weil er eben „witzig" ist. Man traut ihm nicht viel Gemüth zu, weil er gerne spottet; weil er etwas Heine'sches hat —

Alma (überrascht, dann lebhaft mit dem Kopfe nickend). Ja, ja, ja! Das ist es!

Molly (wieder heimlich beobachtend). Ich weiß zum Bei-spiel, Deine Mutter will nicht viel von ihm wissen —

Alma (wie betrübt). Ach nein!

Molly (für sich). Aha! (laut) Na, und da kommt es denn leicht zu kleinen Differenzen — wie man das so kennt. Die Mutter macht ihre Bemerkungen über den spöttischen Herrn; die Tochter widerspricht. Die Mutter wird unge-halten und will nun schon gar nichts von ihm wissen; die Tochter wird trotzig und will desto mehr von ihm wissen. Die Familienluft wird dick, wird trüb, wird schwül; endlich kommt ein Donnerwetter — mit nassen Schauern. Die Tochter flüchtet auf irgend einem Jourfixe an die Brust ihrer Tante Molly —

Alma (starrt Molly erschrocken an). Nein — wie ist das möglich. Wie unheimlich klug Sie sind, Tante Molly. Alles zu errathen! Alles!

Molly. Mein gutes Herzchen, die Uebung! Ich war auch einmal dumm; aber allmählich, da merkt man: es giebt eigentlich nur ein halb Dutzend Sachen, die kommen immer wieder. (sie streichelnd) Alma's Mutter, die mag ihn nicht, aber die Tochter von Alma's Mutter, die mag ihn —

Alma (an Molly's Bruft). Ach, Tante Molly!

Molly. Na, da ift ja noch nichts verloren — wenn fich nur fonft Alles fügt. Wenn der verkannte junge Mann fich und fein Herz zu dem Mädchen wendet —

Alma (leife, noch an Molly's Bruft). Vielleicht thut er das, Taute Molly. — Er hat fo was gefagt. — Sie weiß nur noch nicht, ob er — — ob er es wirklich fo meint . . .

Molly. Das wird man erfahren, Kind! (für fich) Armes, dummes Herz! (laut) Ich weiß einen ähnlichen Fall, da erfuhr man's bald. Ein junges Mädchen — auch fo eine Wahlnichte von mir — die interefjirte fich auch gar fehr für den Anton Meerveld (Alma blickt überrafcht zu Molly auf); na ja, mein Kind, die Erfte bift Du da nicht. Und fie wußte auch nicht, wie es in feiner Männer=bruft ausfehe — und ging fo verträumt und ungewiß herum. Aber da waren fie einmal allein, und er fagte ihr; „Ich gelte oft für herzlos, wie der große Heine; aber glauben Sie mir, mein Herz gleicht dem Meere, wie Hein=rich Heine fagt, und manche fchöne Perle" — — Na, was haben Sie, Alma? Was machen Sie für ein Geficht?

Alma (ftammelnd). Das fagte er ihr? der Andern?

Molly. Nun ja; mir hat er's nicht gefagt. Und dann fah er ihr fo recht von innen heraus ins Geficht und demaskirte fich in folgenden Verfen:

„Ich hab' mit dem Tod in der eigenen Bruft
„Den fterbenden Fechter gefpielet!"

Alma. Das ift nicht möglich — nicht möglich — oder er ift ein Teufel!

Molly. Ein Teufel? Ach nein.. Nur ein recht moderner junger Mann, der viel zu viel Geld hat — und der einen Theil feiner vierundzwanzig Mußeftunden damit ausfüllt, jungen Mädchen was vorzufäufeln —

Alma (wirft fich wieder an Molly's Bruft, ihr Geficht daran verbergend). O wie fchäm' ich mich, Tante Molly! O wie fchäm' ich mich!

Molly (drückt sie sanft an sich, streichelt ihr Haar; weich). Hat er Dir das alles auch vorgesäuselt, Kind? (Alma, ihr Gesicht wie vorhin verbergend, nickt.) Und Du hast gedacht: vielleicht meint er's ehrlich? (Sie nickt.) Na, dann schäm' Dich ein bischen, wenn Du willst, aber nicht zu viel. Daß wir Andere für besser halten, als sie sind, weil wir besser sind, das ist nicht das Schlimmste. — Also dieselben Verse . . . Ich dacht' mir's. Warum sollt' er sich auch immer neue suchen; diese hatten sich ja bewährt —

Alma (schluchzend). O Tante Molly!

Molly. Still, still! Hier nicht weinen, Kind. Wenn nun Jemand käme! — Ein junges Mädchen muß sein Herz so wenig vor den Leuten enthüllen, wie sonst was. Wird's Dir einmal gar zu eng da herum, komm' zu Tante Molly: vor der kannst Du Dich immer zeigen, wie Du bist, das ist keine Schande. Die kann noch immer jede Dummheit mitmachen, wenn sie auch ziemlich gescheit ist; (Alma wieder an sich drückend) und die unschuldigen Irrthümer eines jungen Herzens sind ihr heilig, Kind!

Alma. O, wie sind Sie gut, süße Tante Molly!

Molly. Ich möcht' gern helfen, o ja — weil ich weiß, das fehlt oft. Mir hat man einst nicht geholfen, und ich hab's gebüßt. War mit meinem Mann gar nicht glücklich, Kind; — davon erzähl' ich Dir einmal, wenn sich's besser paßt; nur damit Du was lernst. Ach, wir jungen Dinger, wir fliegen wie Vögel, die erst dreiviertel flügge sind, unter dem Himmel herum. Da finden wir denn oft nicht wieder ins Nest zurück — und kommen in ein falsches — und fürs ganze Leben! — — Du sollst noch einmal ins rechte kommen; da sei ohne Sorge. Gräm' Dich nicht um den Meerveld . . . (Sieht hinten Eckard und Felix eintreten. Leiser) Und nun zeig' den Leuten wieder Dein helles, munteres Gesicht, und flieg' ruhig weiter!

Alma (giebt ihr schnell einen Kuß). Das will ich thun, süße Tante Molly. Ich liebe Sie! Ich liebe Sie! (Rasch ab, nach links.)

Dritter Auftritt.

Molly; Eckard und sein Bruder **Felix.** (Felix ist älter, schon angegraut, aber so elegant und auf Zierlichkeit der äußeren Erscheinung bedacht, wie der Andere einfach und derb ist. Sie kommen aus dem hinteren Saal in den Vordergrund, während Molly der Alma nachsieht.)

Felix. Guten Abend, „Tante Molly" — wenn ein Jüngling in meinen Jahren auch so sagen darf. Hier bringe ich meinen Bruder —

Molly (nachdem sie Felix die Hand gegeben). Ah, Herr Eckard, wirklich! Also Sie halten Wort!

Eckard (trocken). Was sollte ich sonst thun? es brechen? — — Mein Bruder Felix hörte, daß ich meinen Wagen bestellte, um hierher zu fahren; da warf er sich schnell in seinen Frack und fuhr mit, denn Kronleuchter mit allerlei Leuten darunter hat er gar zu gerne. Nun, wo ist denn die Hausfrau, die mich sprechen will?

Molly (nach links deutend). Dort im zweiten Zimmer machen sie noch Musik. Wenn vielleicht die Herren —

Felix. Musik? Ich hab' heut eine förmliche Sehnsucht nach Musik. Ich schließe mich an! (Links ab.)

Molly. Wollen Sie nicht auch? Ihr Liebling, meine Käthe, singt.

Eckard. Ich danke. Ich hör' den kleinen Vogel sehr gern, wenn er mich besucht und sich an mein Klavier setzt; vor einem so auserlesenen Publikum wie hier hör' ich sie nicht so gern. — Uebrigens, ich danke Ihnen!

Molly. Wofür?

Eckard. Daß Sie mich aus meiner Einsamkeit so unter die Leute gebracht haben. Sie hatten wohl im Augenblick nichts zu thun — und irgendwas müssen Sie ja immer thun. Da setzten Sie sich denn hin und schrieben mir dies Billet: „Frau Paula Dolberg hat schon lange den dringenden Wunsch, Sie einmal zu sprechen!"

Molly. Sie konnten ja antworten: ich will nicht.

Eckard. Das ist eine richtige Frauenzimmer-Entgegnung. Wenn Sie wußten, wie ungern ich mich unter die Leute mische — und besonders unter die Leute, die man Damen nennt — so thaten Sie doch wohl besser, mir weder das Mißvergnügen zuzumuthen, noch die Unhöflichkeit. Denn ich gelte allerdings für grob, aber es macht mir doch kein Vergnügen, es zu sein.

Molly. Es scheint doch, nach dem, was Sie mir jetzt sagen!

Eckard. Werden Sie doch nicht spitz; das ist damen= haft, das paßt nicht zu Ihnen. Ich bin nun einmal hier — weil Frau Paula's Mann mein Freund war und weil Sie mich an die Wand genagelt hatten; — und auch weil mir ein Gedanke kam — — aber davon später. Hab' aber schon die größte Lust, wieder fortzugehn. Es riecht hier so fad, so süß, nach all dem falschen Zeug, womit die schönen Damen sich anspritzen; es legt sich Einem so 'ne dicke, niederdrückende Wolke von Luxus, von Redensarten, von Zeit= und Wort= und Geld=Verschwendung ums Herz. Was thun Sie nur hier, Frau Molly? Mit all Ihren ungesunden Einfällen sind Sie doch eigentlich eine vernünf= tige Frau (sie verneigt sich dankend); wie kann es Ihnen ein Vergnügen machen, in diesem Froschteich zu schwimmen?

Molly. Es giebt auch ganz hübsche Fische drin —

Eckard. Gold= und Silberfische, o ja. Sehr viel Gold und Silber! — Wenn jeden Mittwoch die Geld= schränke der Herrschaften hier zusammenkämen und ihr versperrtes Mundwerk vor einander aufmachten, so wär's ein ebenso amüsanter Jourfixe. Wer führt denn hier das große Wort? Diese Frau von Leppin, die nicht so viel Geist hat wie ihre Coupons, und nicht so viel Herz wie ihr Wagentritt; aber sie trägt die kostbarsten Goldfisch= Toiletten, und ihr Mann ist ein kleiner Rothschild! Der kommt dann später, allein, auf ein Viertelstündchen, wie der Großsultan; säet sein behagliches Lächeln auf allen Fußböden aus, beehrt den Einen mit einem cynischen Späßchen, bietet dem Andern eine Cigarre an aus seiner Hintertasche, einen Dollar das Stück. Dann wackelt er wieder hinaus, denn er hat noch andere Pflichten: während seine Gemahlin hier als Pfau ihr abendliches Rad schlägt,

genießt er mit guten Freunden die Freuden der Häus=
lichkeit bei einem reizend eingerichteten Schätzchen —

Molly. Lassen Sie mich damit in Ruh!

Eckard. Wer ersetzt ihn hier unterdessen, den großen
Mann? Wer kann das? Niemand als sein Schwager,
dieser Anton Meerveld; denn der ist ein Witzbold. Der hat
seine Witze nur gleich so in Klumpen bei sich, wie der
Hering den Rogen; freilich gehen davon auch hundert auf's
Pfund. — Das sind Ihre „hübschen Fische"!

Molly. Nein, das sind die Frösche. Sie vergessen
vor Allem die Hausfrau —

Eckard. Frau Paula Dolberg? Die ist die Aller=
schlimmste: denn in ihr steckt mehr, und sie will's nicht
wissen. Für was lebt sie denn? Für die große Ehre, unter
diesen Goldfischen die Toilettenkönigin zu sein; so wird
sie ja wohl genannt!

Molly (etwas kleinlaut). Mein Gott — sie hat mehr
Geschmack als die Andern, und das muß sie zeigen. Sie
hat ihren Mann nicht mehr, und hat keine Kinder; von
den Männern will sie nichts mehr wissen —

Eckard. Darum läßt sie sich von den Frauen be=
wundern und beneiden!

Molly. Sie sollten Sonntags auf der Kanzel predi=
gen, Herr Eckard. Wenn Frau Paula von den Frauen
beneidet wird — was mich gar nicht wundert — so wird
sie von den jungen Mädchen geliebt. Die drängen sich
um sie, weil sie graziös und vornehm, weil sie warm und
gut ist. Und diese jungen Mädchen, das sind meine
„hübschen Fische" —

Eckard. Ah ja! Ich versteh' schon. „Tante Molly".
Diese jungen Mädchen sind Ihr Geschäft; Sie bringen sie
an den Mann!

Molly. Es ist doch merkwürdig, daß ein kluger
Mann und ein dummer so oft ganz dasselbe sagen. „Ich
bringe sie an den Mann"... Und es ist grade umge=
kehrt!

Eckard. Wieso umgekehrt? Sie bringen sie nicht an den Mann?

Molly (nach kurzem Zögern). Wozu verrath' ich Ihnen eigentlich mein Geschäftsgeheimniß ... Aber weil Sie mich ärgern — — Zählen Sie doch einmal nach! Wie viele von den jungen Dingern, die mich Tante Molly nennen, hab' ich denn wohl verlobt? Ja, sie kommen alle, wenn ihnen ein Mannsbild im Kopf steckt; und sie glauben alle, daß ich ihnen helfen will, an den Mann zu kommen; aber ein paar Wochen später, wie ist's dann geworden? Dann ist das Mannsbild gewöhnlich aus dem Kopf heraus — und das Mädel klüger. Ich hab' wieder Eine vor ihrer unerfahrenen Dummheit gerettet, und vor irgend einem albernen oder schlechten Kerl behütet; — die klugen und die dummen Leute aber bleiben bei ihrem Kehrreim: „Tante Molly bringt sie an den Mann!"

Eckard (nach einer Weile). Hm! — Aber wie machen Sie denn das? Sie müssen also die jungen Dinger doch täuschen, müssen Ihren Ruf als Verlobungstante tapfer aufrechthalten —

Molly. Ja, ich spiel' meine Rolle, ich heuchle, ich lüge, so lange wie es Noth thut; für die gute Sache. Daraus mach' ich mir nichts. Gott sieht in mein Herz!

Eckard. Nun, am jüngsten Tage werden wir ja hören, wie er darüber denkt. Ich präparire mich etwas anders für diesen Tag, muß ich Ihnen sagen; ich hab' nicht viel Sinn für die „frommen Lügen". Aber — Sie sind ein Frauenzimmer, und ich bin ein Mannsbild; darauf läuft's denn doch immer wieder hinaus. — Da kommt Paula Dolberg!

Vierter Auftritt.

Molly, Eckard; Paula und **Hannchen** (von links).

Paula. Guten Abend, Herr Eckard; ich danke Ihnen sehr, daß Sie die Freundlichkeit hatten, zu kommen. (Er verneigt sich stumm; sie reicht ihm die Hand.) Ihre junge Freundin, das Käthchen, hat allerliebst gesungen; jetzt ist man beim Essen.

Molly. Gott sei Dank! Ich hab' einen göttlichen Appetit!

Hannchen (schmiegt sich etwas schüchtern an Molly; leise). Hätten Sie doch noch einen Augenblick Zeit, himmlische Tante Molly? Ich sehne mich schon den ganzen Abend, Sie zu sprechen; (beklommen lächelnd) es geht mir so wunderbar —

Molly (leise). Eine Fortsetzung?

Hannchen. Ja; ganz unerwartet —

Molly. Nun, dann kommen Sie, Hannchen. (für sich, mit einem leisen Seufzer) Siebentes Kapitel!

Hannchen. Aber Ihr göttlicher Appetit —

Molly. O, der wartet gern. Sprich dich aus, mein Herz! (mit ihr nach hinten gehend, für sich) Ich krieg' nichts zu essen! (Sie gehn während des Folgenden eine Weile im hintern Saal auf und ab, Arm in Arm; verschwinden dann langsam nach links.)

Paula (hat inzwischen mit Eckard gesprochen). Also Sie wollen nichts, gar nichts genießen?

Eckard (schüttelt den Kopf). Zu Hause schon abgethan. — Sie hatten mir also etwas mitzutheilen, gnädige Frau.

Paula. Mitzutheilen! Das ist nicht das Wort. Ich hab' etwas auf dem Herzen, das — das mich schon lange drückt; aber ich sah Sie nie, weil Sie — so anders leben. Um es Ihnen kurz zu machen: Sie waren der liebste Freund meines Mannes, eh' ich seine Frau ward; nach unsrer Verheirathung kamen Sie noch von Zeit zu Zeit — immer seltener — endlich blieben Sie fort. Meinen Mann bekümmerte das, ging ihm sehr zu Herzen; er wußte offenbar nicht, weshalb Sie ihm so fremd wurden; zuweilen, wenn er darüber klagte, sah er mich so an, als hätte er sagen mögen: bist etwa Du daran Schuld? — Endlich — — nun, endlich konnte er nicht mehr klagen; ich hatte ihn nicht mehr. Daß Sie nun nicht wiederkamen, konnte mich nicht wundern. Aber vor einiger Zeit — ziemlich langer Zeit — sagte man mir, Sie hätten sich gleichfalls beklagt, und zwar über mich. Ich hätte Ihnen nach Ihrer Meinung meinen Mann entfremdet, Sie aus dem Hause gedrängt . . . Sehen Sie, das bedrückt mich. Ich wollte Ihnen sagen: darin irren Sie. Ich habe nie irgendwas gethan, um die Freundschaft zwischen Ihnen und meinem Mann weniger innig zu machen; ich habe nie ein Wort gesprochen, das auf ihn — auf Richard — in diesem Sinn hätte wirken können. Ich hatte vor Ihnen stets eine Hochachtung, die — — kurz, ich bin daran so unschuldig, wie an meinem Dasein. Glauben Sie mir das!

Eckard. Ich glaub' es, gnädige Frau, natürlich, da Sie es mir sagen; — aber man hat Sie belogen — wie das manchmal vorkommt. Ich hab' mich nie mit einer Silbe über Sie beklagt; konnte das auch nicht, da an meinem Fortbleiben aus Ihrem Hause Niemand Schuld war als ich.

Paula (etwas unsicher). Sie wollen sagen: freiwillig? aus eignem Antrieb?

Eckard. Ja.

Paula. Ohne daß Sie sich in unserm Hause kühler, unherzlicher aufgenommen fühlten?

Eckard. Davon hab' ich nichts gespürt.

Paula (schweigt eine Weile. Mit Mühe). Darf ich dann fragen: warum —? (Verstummt.)

Eckard. Warum wollen Sie das wissen, gnädige Frau. Ich bin ein „Sonderling", wie die Leute sagen; geh' so meine Wege. Weshalb ich damals fortblieb? Sagt' ich das so kurz heraus, so klänge es grob, was ich natürlich nicht wünsche; wollt' ich es gründlicher machen, so würde es Sie langweilen. Denn meine „werthe Person" —

Paula. Ganz und gar nicht, Herr Eckard. Ich fürchte mich weder vor der Grobheit, noch vor der Lange=weile. Bitte, sagen Sie's.

Eckard (für sich). Ja, ja, die weibliche Neugier; die kennt keine Furcht! (laut) Wie Sie wünschen; ich will's also versuchen . . . Sehen Sie, gnädige Frau: ich hab' immer mit Männern und nicht mit Frauen gelebt. Ich

bin ſachlich, gradezu, haſſe die Umſchweife und die Förm=
lichkeiten; wer es ebenſo macht, mit dem komm' ich raſch
vom Fleck; wer anders iſt, mit dem weiß ich nicht zu
reden. Da merkte ich denn natürlich bald: Du taugſt
nicht für die Frauen! Ich ſah zu, wie's die Andern
machten; ja, wie machten ſie's! So ein Mann, der mit
mir ſchlicht und natürlich und ehrlich und zur Sache ſprach,
vor den Damen kriegte er auf einmal ſo was Weiches,
Zierliches, Lächelndes, Gemachtes; er kriegte ſogar ein
anderes Geſicht; es war, als wenn er im Theater wäre.
Dazu ſchüttelte ich lange den Kopf; endlich wurde ich
klüger und merkte: Menſch, Du machſt es auch ſo! Und
wenn Du es nicht ſo machſt, können Dich die Frauen
nicht leiden, ſehn Dich für 'nen Bauer an, fühlen ſich be=
leidigt! — — Kurz — ich gab's endlich auf. Ich ſah
ein: das iſt nicht meine Sache — und hielt mich zu den
Männern. Ich wurde der „Sonderling“, als den man
man mich nun gehn läßt. — — Das iſt die Geſchichte!

Paula (nach kurzem Schweigen). Sie blieben alſo aus
unſerem Hanſe fort, weil mein Mann eine Frau hatte;
weil es Sie langweilte, mit mir zu reden.

Eckard. Das iſt nicht das Wort. Weil ich nicht
dazu taugte; immer aus mir heraus ſollte, ſtatt in mich
hinein. Das macht dumm, ungeſchickt, verdrießlich; endlich
bleibt man fort. Ich verlor darüber freilich meinen lieben
Freund aus dem Geſicht; — aber was will man machen
— Jeder ſtreckt ſich zuletzt doch nach ſeiner Natur!

Paula (beißt ſich auf die Lippe; lächelt). Das iſt alſo
aufgeklärt. — Ich danke Ihnen, Herr Eckard; obwohl ich
nur eine Frau bin, hab' ich doch viel Sinn für Aufrichtig=
keit. — Ich begreife nur nicht: Sie verkehren doch noch
immer, ſeit ſo vielen Jahren, mit der „Tante Molly“!

Eckard. Das iſt 'ne andere Gattung; — verzeihen
Sie. Die verlangt nicht, daß ich vor ihr meine Mätzchen
mache; mit der red' ich ſo gradezu wie mit einem Mann.
Und ihre Nichte, die Käthe, das junge Ding, wächſt ihr
darin nach. Die Käthe und ich, wir ſprechen miteinander
(herzlich lächelnd) wie zwei alte Männer. Ich nenne ſie Vetter

und sie nennt mich Onkel. (nach links auf die offene Thür blickend) Da seh' ich sie; mit Frau von Brühl. Sie winkt mir. Muß sie doch begrüßen. — Gnädige Frau — nichts für ungut! (Macht eine etwas steife und ungeschickte, doch artige Verbeugung; links ab.)

Paula (nach einer Weile, mit spöttisch-bitterem Lächeln). Er strebte recht von mir fort. — Mich verachtet er. Mit mir kann er nicht reden . . . (Blickt ihm nach.) Hm! Warum hat er's dann doch gethan? Warum setzte er mir so geist= reich auseinander, weshalb er — — weshalb er es da= mals nicht mehr aushielt, mich zu sehn? — — Wie das der Eitelkeit schmeichelt: so ein rauschender Erfolg. Man steckt sich in sein edelstes Gewand, macht sich die schönste Frisur — und dann kommt so ein Ehrenmann, sieht über Einen hin, als wär' man 'ne Vogelscheuche, und sagt Einem in diese schönste Frisur hinein: ich mußte mir damals die Wohlthat verschaffen, Dich nicht mehr zu sehn!

Fünfter Auftritt.

Paula; Molly (von hinten links).

Molly (kommt aus dem hinteren Saal zurück, von links). Ah, Du bist schon allein. — Mit diesem Hannchen wär' ich für heute fertig; jetzt will ich mit Dir essen. Nun? wie hat der Bär gebrummt?

Paula. O, er war sehr artig. Er hat die Pfote ge= geben, und sein Tänzchen gemacht, und seine Reverenz! — — Bitte, nimm mir die Spangen aus dem Haar; ich will mir einen Pudelkopf machen — oder sonst was Schönes. Und dann bind' mir 'ne Schürze vor! eine Küchenschürze!

Molly. Kind, Du bist wohl verrückt. — Was hat Dir der Eckard gethan?

Paula. Nichts. Nur ein paar gute Lehren hat er mir gegeben: ich soll nur so fortmachen, mich aufs eleganteste kleiden, mich in den Salons herumtreiben, Konversation machen; das sei die beste und würdigste Existenz, die man haben könnte. Was hab' ich Dir immer gesagt? Geht es mir nicht herrlich, leb' ich nicht wie ein Gott?

Molly. Ach du lieber Götze! Da haben wir sie
wieder im großen Katzenjammer. Er hat Dich geärgert,
und nun schlägst Du Dir aus Verdruß selber ins Gesicht.
— Kind! Mach's auf der Welt wie ich! Mach Dir was
zu schaffen.

Paula. Als „Tante Paula", wie die „Tante Molly"?
Dazu bin ich noch zu jung; — und zu allem Andern zu
alt. Ich schweb' in der Luft. Dieses gottverwünschte Mittel=
alter, das zu gar nichts gut ist; so ein weiblicher Jung=
gesell ... Mach mir 'nen Pudelkopf!

Molly. Nein, ich führ' Dich zum Hummer; ich hab'
da ein Prachtexemplar von einem norwegischen Hummer
gesehen, mit dem ich mir ein Rendezvous abgesprochen habe.
Paula Dolberg, die Welt ist recht unvollkommen; aber wer
einen so guten Magen hat wie Du und ich, der wird nie
ganz unglücklich. Komm zum Rendezvous!

Sechster Auftritt.

Paula, Molly; Herr **von Leppin,** dann **Felix, Meerveld, Müller** und
noch zwei **Herren.** Zuletzt **Arenberg.**

Paula (mit dem Kopf nach hinten deutend). Da hast Du's:
der süße Leppin steuert auf uns zu —

Molly (für sich). Der „Großsultan". — Na, er bleibt
nicht lange!

Leppin (ist hinten eingetreten und nach vorne gekommen;
behaglich-schwerfälligen Ganges, selbstzufrieden lächelnd). Meine liebe
Frau Dolberg, Sie sehen, es ist mir unmöglich, einen Ihrer
gemüthlichen Mittwochs zu versäumen; — immer spät, aber
sicher. (Durch den hinteren Saal von links kommen Felix und noch
zwei Herren; von vorne links kommen Meerveld und Müller.) Ich
freue mich, Sie so gesund und so schön zu sehn!

Paula (giebt ihm die Hand). Ich begrüße Sie. (für sich)
Seine Anerkennung thut doch noch weher als Herrn
Eckard's Schweigen!

Leppin (hat Molly stumm begrüßt). Ah, Herr Felix
Eckard. Sieht man Sie auch einmal bei der „Königin"?

Freut mich sehr, freut mich sehr. (leise zu Felix) Gehn Sie nur nicht fort; will Ihnen noch was sagen. (Lächelt ihm verschmitzt zu, ein Auge schließend; begrüßt dann die anderen Herren.) Guten Abend, Schwager!

Meerveld (leise). Wo kommst Du her, alter Sünder?

Leppin (leise). Ein Glas Selt; weiter nichts! (Sprechen weiter.)

Molly (leise zu Paula). Du siehst, er hat seine Leute; gehen wir zum Hummer. Es lagen da auch ein paar Lachsforellen, wie die Liebesgötter. Ich sag' Dir, ich hab' einen Hunger — — wenn ich nicht bald was kriege, so ess' ich Herrn von Leppin! (Zieht Paula mit fort, links ab.)

Meerveld (vorstellend). Herr Müller; Reserveleutnant.

Leppin. Freut mich sehr; freut mich sehr. — Kann ich den Herren eine gute Cigarre anbieten? Eben frisch von der Negerin weg für mich angekommen. (Greift in die Hintertasche seines Fracks, zieht ein paar große Cigarren hervor. Müller zögert, zu nehmen.) Fassen Sie nur Proviant, Herr Reserveleutnant. Ich hab' mehr davon. (Müller nimmt eine Cigarre, Meerveld desgleichen.) Wohin wollten die Herren? Zum Spiel?

Meerveld (nach vorne rechts deutend). Ja, ein kleines Jeu. Hältst Du mit?

Leppin. Ich danke; wäre sehr gemüthlich; aber eine Verabredung ... (leise zu Felix) Lieber Herr Felix Eckard, begleiten Sie mich. Die Jenny würde Sie gern einmal wieder sehen. Wir machen eine Bowle —

Felix (leise). Ich danke. Ich will heute bei Zeiten nach Hause.

Leppin. Werden Sie tugendhaft?

Felix (lächelnd, auf seine angegrauten, stark geschwundenen Haare deutend). Nu, es wäre wohl Zeit!

Meerveld (zu Felix). Lassen Sie den alten Sünder und gehn Sie mit uns zu den Karten. Ich geb' Ihnen Revanche.

Felix. Nein, mein Guter, heute verführen Sie mich nicht. Eine ehrbare Partie Whist würd' ich mit Ihnen spielen; aber mit dem Hazard ist's vorbei!

Meerveld. Unsinn. Sträuben Sie sich nicht so opern= haft, wie der Max im Freischütz. Ich verführ' Sie ja doch.

Felix. O nein; heute nicht!

Meerveld. Hat Ihr Bruder es Ihnen verboten?

Felix. Sie bemühen sich ganz umsonst, mein guter Meerveld, meine Festigkeit zu erschüttern; geben Sie es auf, Sie blamiren sich.

Meerveld. Gut, dann geb' ich es auf!

Leppin. Ich bewundre Sie, Felix Eckard; so un= heimlich charakterfest hab' ich Sie nie gesehn. Sie leben nicht mehr lange! — — Meine Herren, ich mache noch meinen Durchgang bei der Venus; bei den Damen, mein' ich. (schmunzelnd, nach hinten links deutend) Da hinten geh' ich dann hinaus! — Bon soir! (Links ab.)

Meerveld. Der weiß auch zu leben. — Nun, alter Knabe, wollen Sie sich durchaus von Ihrem fleckenlosen Bruder einen Tugendpreis holen? Oder kommen Sie mit?

Felix (sich elegant verneigend). Ich danke.

Meerveld (zuckt geringschätzig die Achseln). Also an die Gewehre, meine Herren! (Mit Müller und den beiden Herren vorne rechts ab.)

Felix. Ich war wie ein Fels. Ich bin mit mir zu= frieden. — — Man muß nie verzweifeln. Manchmal dacht' ich schon: es ist aus, der Kartenteufel hat mich, Widerstand ist unnütz! — Heute zeigt sich: es geht! (vergnügt lächelnd) Wie Bruder Ulrich staunen wird, daß ich mein Versprechen halte —

Arenberg (kommt von links, sehr heiter, ein Studentenlied pfeifend oder summend; bei Felix vorbeikommend hängt er sich in dessen Arm und zieht ihn mit fort). Kommen Sie, alter Herr!

Felix (widerstrebend). Zu den Karten? Nein, nein!

Arnberg (heiter, wie selbstverständlich). Kommen Sie! (Zieht ihn weiter fort, das „Kommen Sie" im Gesang, nach einer lustigen Melodie, immer wiederholend.)

Felix (unterdessen, für sich). Der ist verrückt. — Ob ich will oder nicht, das ist ihm einerlei! — Er zieht mich ruhig so weiter. — Ganz toll . . . Aber er imponirt mir! — Darin steckt eine gewisse Größe . . . (Nachdem er dies alles stoßweise, und mit neuen Versuchen, stehen zu bleiben oder sich loszumachen, gesagt hat, sieht er sich mit Arenberg rechts in der Thür. Erschrocken, laut) Junger Herr! (Arenberg zieht ihn mit über die Schwelle; rechts ab.)

Siebenter Auftritt.

Oskar und Käthchen (von links).

Oskar (ein wenig vom Wein erregt, aber in der angenehmsten, liebenswürdigsten Weise). Nein, Sie haben vorhin sehr schön gesungen, Fräulein Käthchen. Ausdrucksvoll und schön!

Käthchen (eine heimliche Wehmuth hinter lebhafter Munterkeit oder ehrenfestem Ernst, je nachdem es sich fügt, zu verbergen suchend). Warum heucheln Sie so, Herr Oskar. Sie haben ja gar nicht zugehört; Sie sahen die ganze Zeit auf Frau Paula Dolberg.

Oskar. So? — Aber doch nur mit den Augen; mit den Ohren hört' ich. — — Werfen Sie mir das vor, daß ich Frau Paula ansah? Fühlen Sie mir das nicht nach, daß sie heute wie eine Statue von Praxiteles oder Begas ist? Sind Sie kleinlich, Fräulein Käthchen?

Käthchen. Nein, ich bin nicht kleinlich. Ich bewundre diese Frau ja ebenso wie Sie —

Oskar. Ebenso? Das ist wohl nicht möglich. Ich vergöttere sie; ich halte sie für die bedeutendste Frau, die ich kenne; ich glaube, ich könnte für sie sterben — gewiß weiß ich es nicht — aber ich glaub' es. Gutes Fräulein Käthchen, ich muß Ihnen das alles sagen, ich hab' zu Ihnen ein so wunderbares Vertrauen — täuschen Sie es nicht. Verrathen Sie mich nicht. Die Welt würde meine Gefühle nicht verstehen, würde drüber lachen; die Welt ist so kleinlich . . . Sie sind nicht kleinlich, Fräulein Käthchen; Sie nicht!

Käthchen. Nein, ich bin nicht kleinlich. Aber etwas viel Champagner haben Sie doch getrunken —

Oskar. Was hat der Champagner mit meinen Gefühlen für Frau Paula zu thun. Das ist eine große Frau; eine erhabene Frau! Erkennen Sie das neidlos an, gutes Fräulein Käthchen; vergöttern Sie sie wie ich, lieben Sie sie wie ich, seien Sie groß!

Käthchen. O ja, ich bin groß. (zögernd) Nur daß mich doch wundert — — ich dachte, eine Frau in Frau Paula's Jahren liebte man nicht mehr. Sie will's ja auch gar nicht. Und ein solcher Jüngling wie Sie —

Oskar. Was gehn mich die Jahre an? ihre oder meine? Eine große Liebe fragt nicht nach den Jahren; die überfliegt die Zeit. (mit dem Finger gegen seine Brust stoßend) Dies ist eine große Liebe, Fräulein Käthchen!

Käthchen. Das hör' ich. (sucht zu lächeln) Dann hab' ich wahrscheinlich auch eine große Liebe: zu Ihrem Onkel Ulrich Eckard. Der ist eben so zu alt für mich, wie Frau Paula für Sie; und gewiß ein ebenso herrlicher Mann, wie sie eine herrliche Frau!

Oskar. O ja, alle Achtung; ein strebsamer, denken= der, ehrenwerther Mann. Er und Ihre Tante Molly, zwei Charakterköpfe; — aber die liebt man doch nicht. Wenn Sie meinen Onkel liebten, so wären Sie ein englischer Kupferstich. Seien Sie doch das nicht!

Käthchen. Ich bin das auch nicht. Aber ich halte ihn für den besten Menschen —

Oskar. Warum? So oft ich ihn anpumpe, giebt er mir erst eine gute Lehre, und dann erst das Geld!

Käthchen. Er giebt Ihnen also doppelt. — Uebri= gens, warum pumpen Sie ihn so oft an?

Oskar. Merkwürdig — sachlich sind Sie, Fräulein Käthchen; das haben Sie von meinem Onkel gelernt. Warum ich ihn anpumpe? Weil mein unbegreiflicher Vater mir so wenig Taschengeld giebt; mein Vater, der doch offenbar ein wohlhabender Mann ist — und sonst doch das Geld nicht schont — aber darin ein Harpagon. So

wird mein männlicher Stolz gezwungen, sich vor dem rei=
chen Onkel zu beugen —

Käthchen. Und er giebt Ihnen das Gold aus seiner
Tasche und aus seinem Kopf. — Ich lieb' ihn doch, Herr
Oskar!

Oskar (blickt sie herzlich lächelnd an). Wie reizend trotzig
Sie das sagen; — und wie gut Ihnen das steht. Diese
ehrlichen, feuchten Augen — — Aber wovon sind sie denn
plötzlich feucht?

Käthchen. Wovon? — Von den vielen Flammen,
denk' ich — die blenden —

Oskar. Das weiß ich nicht; ich bin schwach in der
Physik; aber es steht Ihnen gut. Sehn Sie, Fräulein
Käthchen — und lachen Sie darüber nicht —: ich würde
mich in Sie verlieben, auf Ehre, wenn ich nicht diese große,
einzige Liebe zu Frau Paula hätte. Aber Sie verstehen
mich. Sie fühlen mir das nach. Darum stell' ich Sie
hoch; ich schätze Sie wie einen Mann; ich hab' sehr viel
Achtung vor Ihnen! (Schüttelt ihr die Hand.) Prosit!

Käthchen (für sich, traurig). Ach, ich wollte, er hätte
nicht so viele Achtung vor mir, und er hätte mich lieb!

Achter Auftritt.

Die Vorigen; Eckard, später Felix.

Eckard (dem während Käthchens letzter Rede Oskar entgegen=
geht). Ich such' Deinen Vater, Oskar. Er ist doch nicht
schon fort?

Oskar. Das säh' ihm nicht ähnlich. Irgendwo wird
er wohl noch sein. (Während Eckard langsam gegen die Thür vorn
rechts geht, im Vorbeigehen Käthe anlächelnd und ihr zunickend,
kehrt Oskar rasch zu Käthchen zurück; leise) Liebes Fräulein
Käthchen! Wenn Sie mich eine Minute mit meinem Onkel
allein lassen wollten —

Käthchen (leise). Anpumpen?

Oskar. Schon wieder so furchtbar sachlich. — Vielleicht! (Käthchen entläßt ihn durch eine stumme, elegische Gebärde, geht langsam links ab. Oskar geht zu Eckard, der rechts bei der Thür steht. Halblaut) Heute Nachmittag hätt' ich Dich gern gesprochen, Onkel; Du warst aber ausgegangen.

Eckard (für sich). Er braucht also wieder Geld. (laut) Ich erlaube mir, zu errathen, was Dich zu mir führte. (Oskar verneigt sich. Eckard sieht ihm scharf ins Gesicht.) Du willst doch nicht spielen? Wie?

Oskar. Gott bewahre. Warum meinst Du —?

Eckard. Warum? Weil — — (Bricht ab. Auf die verhängte Thür rechts blickend, für sich) Ich wette, sein Vater hält wieder auf seine Weise Wort und sitzt bei den Karten. (Lüftet vorsichtig den Vorhang. Nickt traurig.) Richtig. Da sitzt er. An dem bekannten Weg, den die guten Vorsätze pflastern. (Hebt den Vorhang noch einmal, weiter. Laut) Felix! Bitte, auf ein Wort!

Oskar. Ah! Mein Vater ist da?

Eckard. Ja. (Kommt zu Oskar zurück, nimmt aus einer Brieftasche zwei Kassenscheine.) Mein guter Junge, ich sage Dir nur, so ernst wie ich kann: wenn Du dem Spielteufel begegnest, dem geh' auf fünfzig Schritt aus dem Wege, denn ich fürchte, er will was von Dir. Und hier (ihm die Kassenscheine gebend) überreiche ich Dir eine kleine Auffrischung.

Oskar. Allerbesten Dank!

Felix (kommt von rechts, seine Verlegenheit hinter einem jugendlich heiteren Pfeifen verbergend). Mein theurer Bruder? Du wünschest?

Eckard. Dich um eine kleine Gefälligkeit zu bitten —

Felix (rasch, herzlich). Nun, Du weißt doch, Ulrich, ich bin immer bereit!

Eckard. Aber ich entziehe Dich Deinem Vergnügen. (scheinbar harmlos) Du spieltest.

Felix. Ein Parthiechen Whist!

Eckard. Du mit Meerveld allein?

Felix (sehr verlegen). Nein — das war — das war

natürlich nicht Whist. Sondern — so zu sagen — die Ouverture zum Whist: ich machte ein paar Taillen, um zu sehen, ob ich heute Glück hätte. (lächelnd) So ein Aber=glaube —

Eckard. Ja, ja. (für sich) Wie das alte Kind mich belügt; seinen einzigen Bruder. (laut) Also Du hättest ein wenig Zeit?

Felix. So lange wie Du willst! Das Whist hat noch nicht begonnen!

Eckard (Felix' Arm nehmend; halblaut). Mein lieber Felix, wir sprachen heute Abend von diesen Frauen und Kindern, für die ich gern auch hier noch etwas sammeln möchte — da ich einmal hier bin. Man muß den Reich=thum da besteuern, wo er sich zur Schau trägt, wo er sich genießt. Mein besonderer Wunsch wäre nun, Du über=nähmst das, Bruder!

Felix. Ich?

Eckard. Ja, Du. In Deiner anmuthigen Weise, mit Deiner liebenswürdigen Beredsamkeit —

Felix. Sammeln? Dafür sprechen?

Eckard. Nun ja —

Felix (zerknirscht, leise). Bruder, das kann ich nicht!

Eckard (leise). Warum nicht? Schämst Du Dich? Etwas Gutes thun —

Felix (leise). Eben das kann ich nicht. In einer solchen Sache vor die Leute treten — das darf nur ein untadelhafter — höchst ehrenwerther — — (in wachsender Erregung, mit fast zitternder Stimme) nicht ein Mann, der eben vom Spieltisch kommt. — Ich hab' geflunkert, Ulrich. (nach der Thür rechts blickend) Hab' mich wieder dem Teufel ergeben — mein Wort nicht gehalten . . . (seufzend, dem Weinen nahe) Ich verachte mich! Es ist nicht zu sagen, wie ich mich verachte!

Eckard (leise). Ruhig! Halt' an Dich, Bruder! Dort steht Dein Junge — und da kommen Leute. (Felix will reden; Eckard hält ihm sanft den Mund zu.) Wenn Du Dich so aufregſt, (lächelnd) ſo kommen wir ins Morgenblatt. Alſo Käthchen ſoll ſammeln — und Du ſollſt Sodawaſſer trinken. Komm! (Zieht ihn mit ſanfter Gewalt nach hinten.)

Felix. Es iſt zu verächtlich, Bruder —

Eckard. Wir werden es überſtehen, wie immer. (für ſich) Zum hundertſten Mal. Nicht zum letzten Mal! (Führt ihn in den hinteren Saal, und dann links ab.)

Neunter Auftritt.

Oskar; Arenberg, Müller, zwei Diener; dann Molly.

Arenberg (hat während Eckards vorletzter Rede durch den Vorhang der Thür rechts hereingeblickt, ſich dann wieder zurückgezogen; kommt jetzt mit Müller). Sehen Sie, der Saal iſt leer. Nur Oskar Eckard. (Spricht nach rechts zurück:) Bringen Sie den Tiſch, und Cigarren und Wein!

Oskar (hat inzwiſchen vorne links in ſeinem Taſchenbuch ge= blättert, geſchrieben, mit Bewegung der Lippen leiſe gerechnet; für ſich). Von dieſer „Auffriſchung“ bleibt mir nicht viel übrig; ich muß bald wieder an die Pumpe! (Von rechts kommen zwei Diener in Livree, einen kleinen Tiſch tragend, auf dem eine ſilberne Schale mit einer Flaſche Wein und vier Gläſern, ein Cigarrenkiſtchen, eine Cigarettenſchachtel und Aſchenſchalen ſtehen; ſetzen ihn vorne rechts nieder, gehen dann auf einen Wink Arenbergs wieder ab. Oskar wendet ſich zu den jungen Männern.) Was entwickelſt Du da, Aren= berg? Willſt Du Dich hier häuslich niederlaſſen? (Molly kommt von hinten links, aus der Hand kleine Süßigkeiten naſchend; bleibt im Hintergrund ſtehen.)

Arenberg (mit Müller Stühle an den Tiſch rückend). Ja; im Spielzimmer iſt zu dicke Luft; und Meerveld iſt zu witzig. Hier darf man ja rauchen. (zu Müller, der ſich jetzt und eine Cigarre nimmt) Das iſt gemüthlich; was?

Müller. Erheblich! (Schenkt ein.)

Molly (für ſich). Chokolade, mit Marzipan gefuttert, iſt doch auch eine ſeelenvolle Erfindung!

Oskar. Wünſchen die Herren ſo im traulichen tête-à-tête zu bleiben?

Arenberg. O nein. Schließ' Dich an. (Erhebt sich. Mit etwas gezierter Feierlichkeit) Gestatten mir die Herren, daß ich sie mit einander bekannt mache. (Müller erhebt sich; steht gleichfalls in feierlichem Ernste da.) Herr Eckard, Hörer des Polytechnikums. (Oskar und Müller verneigen sich würdevoll.) Herr Müller, Reserveleutnant, Studiosus juris. (Verneigung wie vorhin.) Meine Herren, ich glaube, wir gehen zur Tages=ordnung über. (Setzt sich.)

Molly (hat den Vorgang beobachtet; für sich). Da werden ja wohl zwei Großmächte mit einander bekannt gemacht. O Gott, welche Würde!

Müller (steht noch). Ich gestatte mir, Herr Eckard, Ihnen ein Stück vorzukommen. (Nimmt sein bereits gefülltes Glas, erhebt es, macht eine leichte Verneigung gegen Oskar, trinkt.)

Oskar (tritt an den Tisch, Müller gegenüber, schenkt ein). Ich gestatte mir, Herr Reserveleutnant, Ihnen nachzukommen. (Thut es mit derselben Feierlichkeit wie Müller. Darauf setzen sie sich.)

Molly (für sich). Zwei „wirkliche geheime Räthe". (nachahmend) „Ich gestatte mir" . . . Und der Eine, der Oskar, ist sonst ein reizender dummer Junge. — O Gott, wie mich's kitzelt, diesen jungen Germanen ein bischen in die Perrücken zu fahren und sie aufzumuntern!

Oskar (hat sich inzwischen eine Cigarre angezündet und leise geplaudert). Meine Herren, ich glaube — — (Bemerkt Molly, die sich etwas nähert.) Ah, Tante Molly. Ziehen Sie sich auch aus den Fesseln der Kultur in die Freiheit zurück?

Molly. Ich fühle mich überall frei, mein guter Oskar. (Ißt noch eine Süßigkeit.)

Oskar (lacht). Sehr wahr, sehr wahr! Das thun Sie, Tante Molly! (leise zu Müller, harmlos heiter) Ein famoses, etwas verrücktes Frauenzimmer . . . Mit der sollten wir eigentlich ein bischen Ulk machen; wie? (ohne die Antwort abzuwarten, laut) Ich glaube, Tante Molly, von Ihnen können die freiesten, fidelsten Bursche doch noch etwas lernen. Sie sollten unser Kollegium durch Ihre Konkneipanz verschönern, mit uns rauchen und trinken!

Molly (für sich). J Du bekneipter Schwerenöther, willst wohl eine alte Frau häuseln. — Na warte! (laut) Wenn mir die Herren die Ehre geben, mich dazu einzuladen, so mache ich gerne mit. Wir sind ja im Karneval.

Oskar. Wie graziös sie das sagt! Famos! (Fordert die Andern durch sein Mienenspiel auf, zuzustimmen.) Nehmen Sie Platz, Tante Molly. Hier sind Cigaretten —

Arenberg. Ja, nehmen Sie Platz! (gemüthlich vorstellend) Herr Reserveleutnant Müller; Fran Berger, genannt Tante Molly. (Müller erhebt sich ein wenig, mit leichter Verbeugung, sitzt gleich wieder nieder.) Ich komme Ihnen ein Ganzes! (Schenkt ein.)

Molly (für sich). Das ist drollig: mit mir sind sie nicht halb so feierlich wie mit sich selbst! (laut, zu Arenberg) Ich trinke immer nur Ganze, natürlich; aber erst muß ich etwas rauchen: so bin ich's gewohnt. (Zündet eine Cigarette an, nimmt sie aber nicht in den Mund, sondern bewegt sie nur unter der Nase langsam hin und her, den aufsteigenden Rauch bei zuweilen geschlossenen Augen riechend.) Ah, das Krant ist gut!

Oskar (lacht). Aber wie rauchen Sie denn, Tante Molly. Sie nehmen das Ding gar nicht zwischen die Lippen!

Molly. Mein guter Oskar, das ist das Neueste: so sein, wie die jungen Herren jetzt mit einander umgehen, so geht man auch mit der Cigarette um. Uebrigens soll ja auch die Nase rauchen, und nicht —

Oskar (der ihr bewundernd zusieht, lustig). Sie macht das sehr gut. Meine Herren, eine Idee! Rauchen wir auf diese Weise ein Quartett! (Wirft seine Cigarre auf eine Aschen=schale, nimmt eine Cigarette.) Ergreift die Waffen; steckt an!

Müller. Die Idee ist erheblich gut. Quartett! (Sie rauchen alle Vier so, wie Molly.)

Molly. Und man kann dabei singen, meine Herren; das ist auch ein Vortheil! — Das neueste Rauchlied nach alter Melodie: (singt)

> So rauchen wir, so rauchen wir,
> So rauchen wir alle Tage,
> In der allerschönsten
> Rauchkompagnie!

Oskar (lacht. Zu Müller). Was sagen Sie? Ist sie nicht famos? — Tante Molly, noch einmal, im Chor! (singt) So rauchen wir — (Molly fällt ein, die Andern auch; sie singen die Strophe zusammen.)

Zehnter Auftritt.

Molly, Oskar, Arenberg, Müller; Paula und Alma; später, nach und nach, **Lucie, Frau von Heide, Frau Schwarzenbeck, Hannchen, Damen** und **junge Mädchen, Meerveld** und andere **Herren, Eckard** und **Käthchen.**

Paula (erscheint mit Alma im hinteren Saal, von links. Sehr verwundert, halblaut). Tante Molly singt mit den Jünglingen? — Ich hab' schon viel von ihr gesehn, aber das noch nicht!

Oskar. Meine Herren, ich proponire, wir trinken auf Tante Mollys Wohl und erklären sie für einen Biedermann!

Arenberg. Tante Molly hoch! (Sie lachen, stoßen an, trinken.)

Molly. Ich danke Ihnen, meine Herren; — so laß ich mirs gefallen: das ist doch gemüthlich. Als ich die Herren vorhin so grausam feierlich mit einander Bekanntschaft machen sah, da dachte ich mir gleich: die verstellen sich nur; diese jungen Erzellenzen werden bald Menschen werden. Sind ja frisches und deutsches Blut!

Oskar (wie die Andern etwas verblüfft, unsicher). Wie — — wie meinen Sie das?

Molly. Daß Sie mir jetzt gefallen, meine jungen Herren, weil Sie natürlich sind; und daß ich mir denke: wenn Sie mit einer lustigen Frau in Jahren so wenig Umstände machen, so gewöhnen Sie sichs wohl noch ab, mit lustigen jungen Männern so viel mehr zu machen. Das wollt' ich Ihnen gerne sagen; darum „gestattete ich mir", bei Ihnen Platz zu nehmen. (Steht auf.) Und wenn Ihnen wieder einmal die Feierlichkeit zu sehr in den Rücken steigt, dann denken Sie, bitte, an die „fidele Alte", mit der Sie Ihren Spaß hatten, an die Tante Molly!

Oskar (sieht Arenberg und Müller eine Weile verdutzt und schweigend an, wie sie ihn. Dann, mit Anstrengung). Ich glaube, Tante Molly, Sie machen sich über uns lustig —

Molly. Gott bewahre. (Nimmt ihr Glas.) Ich erkläre Sie alle gleichfalls für Biedermänner und trinke auf Ihr Wohl! (Trinkt.)

Meerveld (ist rechts mit den beiden andern Herren in die Thür getreten; halblaut). Es scheint, Tante Molly geht noch auf die Universität, oder ins Polytechnikum! (Durch den hintern Saal, von links, sind inzwischen Eckard und Käthchen erschienen; von links kommen nach und nach Lucie, Frau von Heide, Frau Schwarzenbeck, Hannchen, die andern Damen und jungen Mädchen.)

Käthchen (tritt von rückwärts vor, eine silberne Schale in der Hand, etwas verlegen lächelnd; wendet sich zunächst an die jungen Herren am Tisch). Entschuldigen Sie, wenn ich störe, meine Herren. Ich bitte um eine kleine Gabe.

Oskar. Für wen, wenn ich fragen darf?

Käthchen. Für die Frauen und Kinder der Verurtheilten, von denen Sie vorhin hörten.

Meerveld (laut). Ah, das muß ich sagen! Tante Molly hat Einfälle . . . Jetzt schickt sie hier den Klingel= beutel herum!

Eckard (tritt rasch vor, in die Mitte; seine Erregung unter= drückend, ruhig). Sie irren da, Herr Meerveld. Frau Molly Berger schickt Niemand und nichts herum; ich nahm mir die Freiheit. Ich dachte mir, den Bevorzugten, den Be= sitzenden wird es Freude machen, von ihrem Ueberfluß ab= zugeben an die unschuldigen Opfer einer bewegten Zeit. (sich mehr und mehr an die ganze Gesellschaft wendend) Diese Unglücklichen leiden darum, weil der Unterschied zwischen Reich und Arm oft so grell und grausam ist, und ein be= rechtigter, bitterer Neid sich dagegen auflehnt. Diesen Neid durch Wohlthun abzustumpfen, ihm den Stachel zu nehmen, das ist unsere Aufgabe, deucht mir; sagen wir: unsere Pflicht!

Meerveld. Und darum wollen Sie uns hier alle besteuern —

Eckard. Hätten Sie es doch lieber abgewartet, Herr Meerveld. Sie konnten ja gar nicht wissen, ob ich nicht Fräulein Käthchen ausdrücklich anempfohlen habe, an Ihnen vorbeizugehn. Ob sich die Andern gern „besteuern" lassen, ist ja ihre Sache.

Meerveld. Es handelt sich nicht um das bischen Steuer, auf die mir's wohl auch nicht ankommt, sondern um die äußere Form. Ich glaube, so ein Salon ist wohl nicht der Ort, um milde Beiträge zu sammeln!

Eckard. Es ist fast drollig, Herr Meerveld, wie entgegengesetzt da unsere Ansichten sind. Ich meine, grade da, wo wir uns als Glückskinder fühlen, unseren Reichthum auskramen, uns in unserm Behagen sonnen, grade da schadet es uns gar nicht, wenn wir eine Minute lang auch an die Andern denken. Vielleicht wär' es sehr gut, wenn wir nie aus dem großen Glücksbecher tränken, ohne auch ein kleines Trankopfer darzubringen; nicht den „Göttern", sondern den Stiefkindern der Götter. Ob ich heute und hier Recht oder Unrecht habe, das hat Niemand als die verehrte Hausfrau zu entscheiden; an die wend' ich mich. Bitte, gnädige Frau, sagen Sie mir ganz sachlich, ohne Salon=Höflichkeit, ob ich Ihr Gastrecht mißbrauche.

Paula. Durchaus nicht, Herr Eckard. Kommen Sie, Fräulein Käthchen, lassen Sie mich anfangen. (Käthchen tritt zu ihr, Paula nimmt aus ihrer Geldbörse drei Goldstücke, legt sie auf die Schale.) Was ich bei mir habe!

Oskar (hat, etwas näher tretend, mit gespannter Aufmerksamkeit zugesehen; für sich). Die Göttliche hat sechzig Mark gegeben. Ich opfere einen Hundertmarkschein! (Zieht einen der beiden von Eckard empfangenen Scheine hervor, legt ihn auf die Schale.) Erlauben Sie, daß ich folge!

Molly (lächelnd). Ich bin schon abgebrannt!

Lneie (vorne links, wie Meerveld vorne rechts; Eckard in der Mitte). Das bin ich nicht; aber auf die Gefahr, für schlimmer als abgebrannt zu gelten, erlaube ich mir doch zu bemerken, Herr Eckard: ich verstehe Ihren Eifer nicht.

Sie sammeln für unsere Feinde — und zwar für die schlimmsten. Für die Leute, die das Kapital verdammen und verfolgen, die uns kein Seidenkleid gönnen, die uns die Diamanten aus den Ohren nehmen möchten — die sich gegen die Obrigkeit empören —

Eckard. Nicht für die, gnädige Frau: für ihre hungernden Kinder!

Lucie. Damit aus denen große Leute werden, die es dann ebenso machen. Wohin kommen wir denn? Ich hab' von einer Versammlung gehört, in der gegen den Reichthum gezetert und einige von den Reichsten mit ihren Namen genannt und als prahlerische, herzlose Verschwender gebrandmarkt wurden; unter ihnen mein Mann — und sogar seine Frau: ich, Lucie von Leppin. Man hat sich erfrecht, mir da vorzuwerfen, daß ich Hunderttausende ausgebe und mir „auf den Leib hänge", während ich das Volk ruhig hungern lasse. Und für solches Gesindel und ihre Nachkommen schicken Sie hier ein kleines unbewußtes Mädchen mit dem Teller herum!

Eckard (erregt, doch sich beherrschend, mit sachlicher Kälte). Ich habe die Gewohnheit, gnädige Frau, mich in Andre hineinzudenken; so auch in dieses „Gesindel", wie Sie es nennen. Da begreif ich denn, daß so ein Mann aus dem Volk, der seine Kinder zuweilen hungern sehen muß, seinen struppigen Kopf schüttelt, wenn er diese oder jene Dame — gleichviel, wie sie heißt — die Hunderttausende auf sich herumtragen sieht, während sie vergißt, wenigstens die Zehntausende als eine Art von Entschädigung oder Schmerzensgeld an die darbenden Zuschauer hinwegzugeben. Denn so eine Selbstbesteuerung des Ueberflusses hält er offenbar für eine Menschenpflicht; und ich thu' es auch. Und wenn eine Dame aus unsrer Welt sich darüber hinwegsetzt —

Lucie. Mein Herr! Ich muß bitten! So zu einer Dame zu sprechen, ist — impertinent!

Eckard (zuckt zusammen; tritt etwas näher; faßt sich). „Impertinent!" Was heißt das? — „Impertinent" — das ist ein ebenso gemachtes, künstliches Salon-Wort wie „Dame"; beide bedeuten nicht viel. Eine „Dame" kann eine aus=

gezeichnete, hochzuverehrende Frau voll weiblicher Tugend
sein; sie kann auch eine eitle, hochmüthige, leere, prunkende
und gemüthlose Frau sein, die ihrem Geschlecht keine Ehre
macht. Sie kann eine von diesen gefährlichen, ver=
derblichen Frauen sein, die durch ihr ganzes Gebahren
das Volk empören und aufreizen, gegen uns erbittern, zum
Neid und zum Haß erziehen; die furchtbar mitschuldig sind,
wenn wir zwischen Oben und Unten keinen Frieden haben,
wenn es gährt und brodelt. Gegen solche „Damen" ist
man nie „impertinent", höchstens offenherzig. Auf jede
solche Dame kommen tausend Sozialisten, oder hundert=
tausend; und wenn man sie ansieht, ist man in Gefahr,
selber einer zu werden!

Meerveld (tritt vor; mühsam vor Zorn). Mein Herr —!

Eckard (mit einer Geberde). Bitte; schon gut, schon gut.
(zu Paula, wieder ruhig) Ich bitte sehr um Entschuldigung,
gnädige Frau, wenn ich Ihnen die Behaglichkeit dieses
Abends störte. Es — wurde mir zu warm. Zum Glück
laufen Sie keine Gefahr, daß es wieder geschieht. Ver=
zeihen Sie. Gute Nacht! (Wendet sich zum Gehn.)

Meerveld (neben Eckard, halblaut). Sie werden begreifen,
mein Herr —

Eckard (sieht ihm talt ins Gesicht; halblaut). Morgen,
wenn 's beliebt. Ich wohne Invalidenstraße Nummer
achtundvierzig. (Nach hinten, ab.)

Oskar (hat die letzten Reden gehört; tritt zu Meerveld; halb=
laut). Wenn Sie etwas wünschen — ich wohne in derselben
Nummer. (Bleibt stehn.)

(Der Vorhang fällt.)

Zweiter Aufzug.

Bibliothekzimmer in der Wohnung der Frau Paula Dolberg. Ein großer runder Tisch in der Mitte, mit weißem Papier, Tintenfässern und Schreibfedern, von Stühlen umgeben. Vorne links ein Fenster, daneben ein Lehnstuhl. Thüren rechts und hinten. Es ist Tag.

Erster Auftritt.

Paula (liegt im Lehnstuhl am Fenster, in ihre Gedanken versunken). Ein **Diener** in Livree (tritt von rechts ein). Dann **Regine.**

Diener. Gnädige Frau, es ist die Frau Becker da und fragt, ob sie Sie sprechen kann.

Paula. Was für eine Frau Becker? — Ah! die alte Regine. Lassen Sie sie herein. (Diener ab.) Schickt er die zu mir?

Regine (von rechts; ein Briefchen in der Hand). Guten Morgen, meine liebe, verehrte gnädige Frau. Wollte mir gerne die Freiheit nehmen, den Brief des Herrn Eckard selber zu überbringen, um meine liebe gnädige Frau einmal wieder zu sehn. (Paula, im Lehnstuhl bleibend, giebt ihr die Hand.) Hab' die Freude so selten!

Paula. Also Sie bringen mir Herrn Eckards Antwort? — Setzen Sie sich, gute Regine; seien Sie mir willkommen. (Hat den Brief genommen, liest ihn. Für sich) Ah, wirklich! Er kommt!

Regine. Und wie stehts mit der werthen —

Paula (ihr ins Wort fallend). Gesundheit. Gut. Wie leben Sie, Regine?

Regine. Ich danke der freundlichen Nachfrage; man muß Gott ja für Alles danken; es geht. So wirds freilich nicht wieder, wie's beim Seligen war, bei Ihrem Herrn Gemahl — das heißt, als er noch nicht die Ehre hatte, Ihr Gemahl zu sein. Das war ein Junggesell, den giebts wohl nicht wieder!

Paula (blickt wieder in den Brief; für sich). Kühl und trocken schreibt er. Aber er kommt! (laut) Nun, ich denke, auch bei Ihrem jetzigen Herrn geht es Ihnen gut.

Regine. Ich klag' auch nicht, gnädige Frau; man muß Gott für Alles danken; und für Herrn Eckard wirth= schaftet sich's leicht, ist ein sehr bescheidener und ordentlicher Mann. Aber Sie wissen ja, die Beiden leben zusammen, die Brüder; und mit dem Herrn Felix Eckard — da ist allerlei. Man sollt's gar nicht sagen; aber mit seinem grauen Kopf hat er doch noch so manche Bestrebungen, wie ein Schwerenöther —

Paula (mit einer wortabschneidenden Geberde). Lassen Sie das, Regine. Sie sagen ja selbst: „man sollt's gar nicht sagen." Also dann schweigen Sie!

Regine. Ganz richtig; da haben Sie auch ganz Recht. Aber ich hab ja beinah auf dem Kopf gestanden, gnädige Frau, als vorgestern Abend mein Herr Eckard in die Kutsche stieg, um hierher zu fahren. Sonst sitzt er ja alle Abend zu Haus; am Klavier, oder ein Kartenspielchen, oder bei den Büchern. Und ich freute mich noch besonders, daß er in ein so gutes Haus fuhr, zu Ihnen . . . . (etwas näher rückend) Aber, gnädige Frau! Nehmen Sie sich nur vor der „Schlange", wie man zu sagen pflegt, vor der Frau von Leppin in Acht! Die begegnete mir gestern; denn sie kennt mich schon lange, aus den alten Zeiten; und sie wurde doch roth wie ein Krebs, indem sie mir das sagte. Und in ihrem beleidigten Selbstgefühl fing sie immer wieder an —

Paula. Was fing sie an? und was hat sie Ihnen gesagt?

Regine. Sagt' ich das noch nicht? — Nein; richtig. O, wie schimpfte sie, gnädige Frau, über diesen Mittwoch Abend, bei Ihnen; und über Herrn Eckard, und auch über Sie —

Paula (wieder mit Geberde). Lassen Sie das auch, Regine. Ich danke. Wenn Sie Jemand über mich schimpfen hören, brauch' ich's nicht zu wissen. — Ah, da kommt Tante Molly! (Steht auf.)

Zweiter Auftritt.

Paula, Regine; Molly und **Käthchen** (von rechts, nachdem der Diener ihnen die Thür geöffnet hat, worauf er wieder verschwindet).

Regine. Dann empfehl' ich mich —

Molly (trägt ein kleineres Packet, Käthchen ein größeres). Guten Tag, mein Schatz. Guten Tag, Frau Regine. (Regine grüßt respektvoll.) Da bring' ich Dir was! (Wirft ihr Packet auf den großen Tisch.)

Paula. Damit hast Du Dich selbst geschleppt?

Molly. Im Wagen. — Gut sehn Sie aus, Frau Regine. Sie wollen gehn? Adieu!

Regine (die unschlüssig und bedauernd dasteht). Wäre wohl gern noch ein bischen geblieben — aber man muß nicht stören — immer, was sich schickt. Ich hatte doch einmal wieder die Ehre; und man muß Gott —

Molly. Für Alles danken; sehr richtig.

Paula (giebt Regine die Hand). Meinen Gruß an Herrn Eckard; und auf Wiedersehn!

Regine. Das ist ein schönes Wort. Auf Wiedersehn allerseits! Empfehle mich Ihrem freundlichen Gedenken! (Rechts ab.)

Molly (hat inzwischen die Packete geöffnet). Das ist eine Schwätzerin. — Da sieh her, mein Herz!

Paula. Kinderhäubchen —

Molly. So ist es.

Paula. Und Servietten —

Molly. Nein; das sind „Schlappbörtchen“, wie man bei mir zu Hause sagt: die bindet man kleinen Kindern vor, wenn sie essen. (es an sich zeigend) So! — — Du wolltest für unser Kinderhospiz etwas thun, wie Du neulich sagtest. Ich hab' für Dich eingekauft; diese Vorräthe kannst Du stiften — natürlich auch mehr, wenn Du willst. Kannst Dir auch in deinem Minerva=Kopf noch etwas Aehnliches ausdenken. Dies zum Vorbild, mein Herz!

Paula (lächelnd, halblaut). Du willst mich beschäftigen. Ich danke Dir, Tante Molly. — — Mein Billet hast Du doch erhalten?

Molly. Richtig! Dein Billet! Ich soll mich um zwölf Uhr hier bei Dir versammeln . . . Kind, was geht denn vor? Diese feierlichen Stühle um den Tisch, wie in einem Verwaltungsrath? Die weißen Bogen Papier? Willst Du etwas „gründen"?

Paula (geheimnißvoll lächelnd). Vielleicht. — Lies dieses Billet; — und Sie, meine liebe Käthe, lassen Sie sich nieder, machen Sie sich's bequem!

Molly (liest). Ah! Von Herrn Ulrich Eckard! — „Gnädige Frau, Sie setzen mit Recht voraus, daß ich mich nicht versage, wenn es sich um ein gemeinnütziges Unternehmen handelt. Da Sie bei einem solchen meine Mitwirkung zu wünschen scheinen, so werde ich die Ehre haben, mich bei Ihnen einzufinden, pünktlich um elf Uhr." — Was heißt das?

Paula. Nun — daß er um elf kommt, und ihr Andern um zwölf.

Molly. Ist das eine Antwort? — Was hast Du überhaupt für ein ausgetauschtes, sonderbares, heimliches Gesicht? Schelm um den Mund und Ränder um die Augen — feierliche Blässe — und doch nichts Betrübtes . . . Was ist denn mit Dir geschehn?

Dritter Auftritt.

Paula, Molly, Käthchen; der Diener, dann Oskar.

Diener (von rechts, bringt auf einer silbernen Schale eine Visitenkarte). Gnädige Frau —

Paula (erregt). Ist das schon Herr Eckard? (Nimmt die Karte.) Nein. Sein Neffe, der Oskar. (verwundert) Was will der bei mir? — — Ich lasse bitten. — Kommt dann Herr Ulrich Eckard, so führen Sie ihn sogleich herein! (Diener rechts ab.)

Molly. Jetzt wünsch' ich aber ganz entschieden zu wissen, was dies alles vorstellt; und wenn die Andern dabei zu viel sind, so schick' sie gefälligst hinaus!

Oskar (tritt von rechts ein; mit aufgeregter Befangenheit kämpfend). Gnädige Frau — Sie entschuldigen. Ein Auftrag meines Onkels —

Paula (sehr freundlich). Sie nannten mich doch früher „Frau Paula"; warum jetzt so förmlich. Was für ein Auftrag, mein lieber Oskar?

Oskar (für sich). „Lieber Oskar"! Das stärkt! (laut) Mein Onkel wollte um elf Uhr hier sein — und es ist schon elf. Er wird aufgehalten. Als einer der pünktlichsten Männer, welche die Erde trägt, nimmt er das sehr schwer und schickt mich voraus, um ihn zu entschuldigen. Er wird gleich erscheinen!

Paula (lächelnd). Als eine der unpünktlichsten Frauen, welche die Erde trägt, nehm' ich das nicht so schwer. (zu Molly gewendet) Wir haben bis zwölf Uhr Zeit; also noch sehr viel!

Molly. „Bis zwölf Uhr" . . . Jetzt geh' ich aber bald auseinander, wenn ich nicht höre, was los ist. Bis Herr Eckard senior kommt, muß ich Alles wissen —

Käthchen (am Fenster, blickt hinaus). Frau Paula! Da kommt er schon! Sein Wagen; ich kenn' ihn.

Paula (für sich). Ho! Wie schlägt mir das Herz! (zu Molly) Nun, da mußt Du warten —

Molly. Ich? Das fiele mir ein. Du vor mir Geheimnisse haben — nein, mein Kind, das giebt's nicht! Laß ihn hier nur eintreten; (nach hinten deutend) ich führ' Dich ins Boudoir; bis das Frauenzimmer Alles weiß, muß das Mannsbild warten. Die Zwei unterhalten ihn! (Nimmt Paula's Arm, zieht sie fort.)

Paula (lächelnd). Du bist unausstehlich! — — Sie sehen, mein guter Oskar, ich weiche der Gewalt; (ihre Hand auf die seine legend) empfangen Sie ihn für mich. Sagen Sie ihm —

Molly. Sagen Sie ihm, Taute Molly ist eine neu=
gierige alte Urschel; aber die brave Paula Dolberg ist bald
wieder hier! (Paula mit fortziehend hinten ab.)

Oskar (der die von Paula berührte Hand betrachtet). Haben
Sie das gesehn, Fräulein Käthchen?

Käthchen. Was?

Oskar. Wie hier ihre Hand lag? Ihre vornehme,
weiche Hand . . . (für sich) Oh! Und ihr nie zu sagen,
was ich für sie fühle — das halt' ich nicht aus! (laut) Und
wie sie sagte: „mein guter Oskar" — haben Sie das gehört?

Käthchen. Ja, Herr Oskar, ich hab's gehört.

Oskar. Sie sagen das so unheiter, Fräulein Käth=
chen. Ist es Ihnen doch nicht recht, daß ich Ihnen in dieser
Sache so volles Vertrauen schenke? Ich war wohl aller=
dings vorgestern Abend etwas angenektart, als es aus mir
herausbrach —

Käthchen. O nein. Schenken Sie mir's nur weiter.
Es — es ehrt mich ja —

Oskar. Das dacht' ich! Denn nur weil Sie ein
so famoses — — verzeihn Sie — ein so kernhaftes, seelen=
gutes Mädchen sind —

Vierter Auftritt.

Oskar, Käthchen; Eckard (von rechts).

Eckard (dem der Diener die Thür öffnet und dann wieder
verschwindet). Der junge Herr also auch noch hier. (Giebt
Käthchen, die ihm entgegengeht, herzhaft die Hand.) Guten Morgen,
Vetter. Wie steht's? Wann spielen wir denn einmal
wieder vierhändig, unsre alten Sonaten?

Käthchen. Wann Sie wollen, Onkel. Ich hab'
immer Zeit.

Eckard. Das kann ich von mir nicht sagen. Machen
Sie sich denn gar nichts zu thun, Vetter?

Käthchen. O ja: jeden Vormittag wiederhol' ich mir
aus dem Kopf Ihre Strafpredigten und weisen Grobheiten

aus der letzten Woche; damit vergehn immer zwei Stunden. (Eckard lacht.)

Oskar (für sich). Wirklich, ein famoser Kerl, dieses Käthchen Berger! — — Aber ich muß ihn ja anpumpen . . . . (zu Eckard, der mit Käthchen spricht) Lieber Onkel, verzeih einen Augenblick. (leise) Wollen Sie mir einen überlebens= großen Gefallen thun, Fräulein Käthchen? und auf eine Minute — (nach rechts blickend) ins andere Zimmer gehn?

Käthchen (leise). Anpumpen? Schon wieder? (Er zuckt die Achseln, nickt.) Ich gehe. (laut) Sie entschuldigen, Onkel; wir sollen Ihnen eigentlich Gesellschaft leisten, bis Frau Dolberg kommt, die — grade noch verhindert ist —

Eckard. Das thut nichts; schon gut!

Käthchen. Ich möcht' aber im andern Zimmer — etwas ansehn, Onkel. (Eckard nickt freundlich.) Auf Wiedersehn. (für sich, wehmüthig) Das wird auch nicht vielen Mädchen so ergehn, wie mir: Der, den ich gern habe, schickt mich immer fort, weil er pumpen muß! (Rechts ab.)

Eckard. Es scheint, Du willst was von mir. Auf Deinem Gesicht schwebt so eine Wolke.

Oskar. Eine Wolke? — — Ich bin allerdings in einer — merkwürdigen Lage, Onkel —

Eckard (errathend, mit trockenem Ernst). So, so! — Er= laube mir erst eine Bemerkung, lieber Oskar.

Oskar (für sich). Aha! Die gute Lehre!

Eckard. Draußen im Vorzimmer sah ich einen Pelz hängen; der gehört wohl Dir. (Oskar nickt.) Wirklich! Der junge Herr Oskar Eckard trägt schon einen Pelz! Das kann den Kürschnern gefallen!

Oskar. Im Sommer trag' ich ihn nicht; aber wenn Winter ist —

Eckard. Ich kenn' keinen Winter. Ich weiß nur von einer kühleren Jahreszeit, wo ich etwas wärmere Stoffe trage; und auch das nur so so. An meine Füße kommt nie was Warmes; Handschuhe schon gar nicht. In einem Pelz mag man mich begraben, aber lebendig wird man mich nicht drin sehn. — Das wollt' ich nur sagen!

Oskar (verneigt sich). Ich danke. Du wirst mich in meinem Pelz auch nicht wieder sehn, Onkel. (für sich) Der wird verklopft!

Eckard. Das ist doch einmal männlich gesprochen; gefällt mir. Aber da kommt mir in den Sinn — — Junge! Was hast Du angestellt? Dich für mich geschlagen?

Oskar. Ich?

Eckard. Ja, Du. Vorhin hab' ich's gehört. Mit diesem Anton Meerveld.

Oskar (zögernd). Nun ja. Muß das auch gleich wieder unter die Leute kommen . . . Es ist nicht der Rede werth!

Eckard. Ich wunderte mich schon gestern, daß nichts von ihm kam, da er mich doch so martialisch angeblitzt hatte. Jetzt hör' ich, Du hast Dir kurzweg erlaubt, ihn mir abzunehmen —

Oskar. Weil es sich für Dich nicht mehr paßt, Dich um so was zu schlagen; nun gar mit einem Witzbold wie Meerveld. Mir aber war's eine Wollust, Onkel. Ich bitte also ganz ergebenst um Entschuldigung; es ist gern geschehn.

Eckard (sein Wohlgefallen zu verbergen bemüht). Vorschnelles junges Volk. — Auf Säbel?

Oskar. I, der kann ja nicht. Pistolen. Er schoß vorbei. Ich traf seinen rechten Arm. Er trägt ihn jetzt in der Binde —

Eckard. Knochen?

Oskar. Nein. Ach nein. Eine schlichte Abfuhr. — Mich ärgert nur, daß Du davon gehört hast. Eine Knallerei!

Eckard. Dann wollen wir also nicht mehr davon reden, Oskar. Wir kommen aber ganz von der Hauptsache ab: von Deiner „merkwürdigen Lage". Wenn ich Dich errathe —

Oskar. Natürlich!

Eckard. So erlaube, daß ich Dich aus dieser Lage zu befreien suche. Meinen Beitrag von vorgestern Abend haſt Du ja ohnehin auf Käthchens Teller gelegt; oder doch die Hälfte. (Giebt ihm aus der Brieftaſche einen Kaſſenſchein.) Halt' nur Haus damit, wenn ich bitten darf!

Oskar (überraſcht). Onkel! Tauſend Mark!

Eckard. Nur um Dir anzudeuten, daß ich Deine Entſchuldigung angenommen habe. Jetzt ſtill: Jemand kommt!

Fünfter Auftritt.

Eckard, Oskar; Paula (von hinten).

Paula. Ich hoffe, Sie ſind nicht böſe, Herr Eckard, daß ich Sie warten ließ; es iſt nicht meine Schuld —

Eckard. Bitte, laſſen Sie das. Ein Pedant bin ich nicht. (halblaut) Jetzt empfiehl Dich, Raufbold!

Oskar. Leben Sie denn wohl, verehrteſte — Frau Paula. Ich bin —

Paula (in ihrer Bewegung und Verlegenheit gefliſſentlich herzlich). Leider hab' ich Sie kaum geſehn; kommen Sie doch wieder. Ich bin viel zu Haus! (Giebt ihm die Hand.)

Oskar (vor Freude mühſam). Wie — wie Sie befehlen. Adieu! (an der Thür, für ſich) Ein göttliches Weib. — Tauſend Mark. — Ich trinke etwas Edles — und dann komm' ich wieder! (Rechts ab.)

Paula (hat inzwiſchen die Packete vom runden Tiſch nach hinten getragen und auf einen kleineren Tiſch gelegt; nöthigt Eckard zum Nieder= ſitzen). Wie ſoll ich Ihnen ſagen, Herr Eckard, wie — ver= legen ich bin. Ich hätte ja nie gewagt, Sie noch einmal zu bitten — um Ihr Kommen, mein' ich — wenn ich nicht gedacht hätte: es gilt einer guten Sache . . . Bitte, werden Sie nicht ungeduldig, wenn ich vielleicht etwas ver= worren ſpreche; (offenherzig lächelnd) ich hab' mir ſo viel über= legt, was ich und wie ich es Ihnen ſagen wollte — daß ich nun gar nichts mehr weiß!

Eckard. Es wird wiederkommen. (freundlich) Nehmen Sie ſich nur Zeit. Ich habe Geduld.

Paula. Ich danke Ihnen. — Seit vorgestern Abend nämlich — — Ihre Reden, Ihre Gedanken haben mich tiefer getroffen, mir mehr zu schaffen gemacht, als Sie ahnen können. Ich bin so erhoben — und zugleich so beschämt . . . Es gährte schon Manches in mir — schon seit einiger Zeit . . . Kurz, es ist eine Veränderung mit mir vorgegangen; eine große, mein' ich. Sie haben mir die Erschütterung gegeben, die ich brauchte — mir gezeigt, was ich soll, was ich muß — und vielleicht auch kann — und ich danke Ihnen!

Eckard. Ich bin sehr überrascht, gnädige Frau. An solche Wirkungen — ist man nicht gewöhnt. Und, um ehrlich zu sein —

Paula. O ja; darum bitt' ich —

Eckard. Eine solche Wirkung auf Frau Paula Dolberg hatt' ich nicht erwartet.

Paula. Ich weiß. Was war ich in Ihren Augen? Eine elegante Frau; weiter nichts. Warum blieben Sie damals aus unserm Hause fort? Weil Sie für den Umgang mit Frauen nicht taugen — so sagen Sie — und so meinen Sie's — aber das allein war es ja doch nicht. (mit halb unterdrücktem Schmerz) Jetzt versteh' ich Sie: es ermüdete Sie der Umgang mit einer Frau, die doch eigentlich nur an sich selber dachte; die nicht Belehrung verlangte, sondern Unterhaltung, nicht Wahrheit, sondern Galanterie; die es für überflüssig hielt, auch der Welt zu nützen. Ich war eine Salondame nach dem modernen Rezept; nicht schlecht für meinen Mann, freundlich gegen die Menschen, aber gleichgültig gegen die großen, idealen Pflichten, die wir zugleich mit dem Reichthum erben!

Eckard (lächelnd). Bitte, hören Sie auf. In dem Eifer, sich schlecht zu machen —

Paula. Nein, ich übertreibe nicht; so war's. Den Leuten, die mich umgaben, denen gefiel ich so; Niemand sagte mir: laß das! — Nach meines Mannes Tod kam zwar ein brütender Ernst über mich; ich mißfiel mir selbst; aber für meinen unbestimmten, unklaren Drang fand ich keinen

Führer, und so schwankte ich meines Weges weiter. (sich selber einwendend) Tante Molly . . . O ja, Tante Molly gab mir ja ein großes, herrliches Beispiel; aber ich wußte nichts damit anzufangen, ihr nachäffen konnt' ich nicht . . . Sie haben mir die festen, bestimmten, leuchtenden Gedanken gegeben, die mir fehlten. „Dem Neid der Armen ihren Stachel nehmen", durch unablässiges Wohlthun . . . „Nie aus dem großen Glücksbecher trinken, ohne auch ein Opfer zu bringen" . . . „Selbstbesteuerung des Ueberflusses", als heilige Menschenpflicht . . . Ja, ich danke Ihnen. Das will ich thun; dafür will ich leben!

Eckard. Sie machen mich wirklich — ganz verwirrt, gnädige Frau. Eine solche Veränderung — ein so gewaltiger, heiliger Ernst in einer so eleganten Dame — verzeihen Sie — — es ergreift mich sehr. Wie muß es in Ihrem Herzen gegährt haben, daß so schlichte Gedanken —

Paula (den Kopf schüttelnd). Himmlische Gedanken —

Eckard. Sie so überwältigen konnten! — — Aber ich glaube, solche Wunder thut der Geist dieser Zeit. In meiner Jugend lebte ich auch so in den Tag hinein; genoß mein Erbtheil für mich, kaufte Bilder und Bücher, machte weite Reisen, bildete an mir herum; dachte nicht viel an die „Stiefbrüder", die das Schicksal im Thal der Noth angesiedelt hatte. Die aber rührten sich endlich — und die Zeit ward anders; und so nach und nach merkte ich auf die Zeichen der Zeit, und so nach und nach gingen sie mir zu Herzen. Ich fühlte es endlich bis ins Mark hinein: das ist eine große Epoche, in die wir gestellt sind! Die hat sich ein Ziel gefunden, das die Welt noch nicht hatte; durch allerlei thörichte Theorien hindurch geht sie auf ein mögliches, gesundes, menschenliebendes Ideal, auf die soziale Ausgleichung zu; sie erzieht ihre Menschen zu den höchsten Pflichten, sie wäscht ihnen die Augen klar und legt ihnen die Hand aufs Herz. Wohl Denen, die jetzt bestehn; weh Denen, die jetzt nichts lernen! — Und so geh' ich nun meinen Weg, (lächelnd) dem Geist der Zeit auf den Fersen, so fix wie ich kann — und hoffe zu bestehn!

Paula (ergreift seine Hand). Ich danke Ihnen für jedes Wort, das Sie mir da sagten; — aber vor Allem für das Bekenntniß, daß Sie auch einst so hinlebten, ohne das große Ziel. Dann bin ich ja auch noch nicht verloren, nicht wahr; kann auch noch meinen Zweck und mein Leben finden — und die Achtung vor mir — und ein inneres Glück!

Eckard (sehr bewegt). Gute, theure Frau! — — Darf ich das sagen —

Paula. O ja. Alles, was Sie wollen!

Eckard. Ich bin — so sonderbar glücklich; ich weiß, daß dies alles wahr ist, daß ich Sie wirklich sehe — und doch könnt's ein Traum sein — — und doch ist es keiner. Also eine Frau wie Sie find' ich doch auf der Welt! (auf eine schmerzlich schamhaft ablehnende Bewegung Paula's) Nein, seien Sie ruhig, ich will Ihnen nicht schmeicheln — will Sie auch nicht rühmen ... Nur zur Sache, liebe gnädige Frau, lassen Sie mich noch sagen: so ein Gleichmacher bin ich nicht, der die persönliche Freiheit umbringen, den Reichthum abschaffen, den Luxus des Schönen aus unserer armen Welt hinausjagen will. Die großen Künstler sind die größten Wohlthäter der Menschheit; und auch ein schönes Kleid, wenn's ein guter Mensch trägt, ist wie ein Sonnenstrahl mehr. Es kann gar nicht genug Schönes auf Erden geben; es soll Schönes für Alle geben; — die Engländer mit ihren großen und vollen Händen fassen auch das schon an, sie bauen Volkspaläste, Millionen werth, in denen der letzte Mann für einen Penny edle Bilder sieht, reizende Musik hört, gute Bücher liest, schwimmen und spielen kann. Solche Werke der Menschenliebe kann nur der Reichthum schaffen; und der soll sie schaffen. Aber zwei Gebote stehn auf meiner Tafel, und ich glaube, der Geist der Zeit hat sie auch auf seiner: „es soll keine Nichtsthuer geben" und „der Reichthum soll helfen, nicht beleidigen"!

Paula. O wie fühl' ich das. Nur so in Worte konnt' ich es nicht fassen. Ja, für diese Gebote zu leben — das ist mein Gedanke; das fange ich heute an. (auf den Tisch und die Stühle deutend, mit weichem Lächeln) Sie sehn.

Mein erster Versuch; — mir brennt so das Herz, auch meine Pflicht zu thun, auch etwas zu schaffen. Sie haben mir noch den rechten Geist, die rechten Worte gegeben; nun bin ich ganz bereit!

Eckard. Was für ein „erster Versuch"?

Paula (herzlich lächelnd). Gönnen Sie mir mein Ge=heimniß noch für eine Stunde; ich möchte ganz, ganz aus mir — — Morgen hören Sie's. Darf ich Ihnen schreiben, lieber bester Meister, wenn's geschehen ist? heute Nachmittag?

Eckard. Ich komme und hör's von Ihnen selbst, wenn Sie es erlauben. (lächelnd) Bis morgen kann ich nicht warten: mir brennt auch das Herz — aber vor Be=gierde, zu wissen, was so eine Frau so im Stillen schafft. (Sieht nach seiner Uhr.) Bald zwölf. Ihr Unternehmen wird wohl jetzt beginnen . . . (Sie nickt.) Hm! — Viel jünger sehen Sie heute aus als vorgestern Abend. — Und auch wieder viel älter. — Sie machen mich sehr konfus. — — Also Glück zu Ihrem Werk, und auf Wiedersehn! (Nimmt ihre Hand, sieht sie an; küßt sie)

Paula (einen Ton der Ueberraschung ausstoßend). Ah!

Eckard (etwas verlegen lächelnd). Sie erlauben . . . Ich hab' das sonst nie gethan. Nur um Ihnen anzu=deuten — wie hoch ich Sie achte . . . Adieu! (Rechts ab.)

Paula (blickt abwechselnd auf ihre Hand und auf die Thür, durch welche Eckard abging). War das wirklich Herr Ulrich Eckard? — Er hat mir die Hand geküßt? — — Wie be=wegt er war. (Legt die rechte Hand auf ihr Herz.) Und ich bins wohl nicht? — — Ich hab' einen richtigen Nebel vor den Augen. Wie das so sonderbar, so anders ist: der Handkuß — und Alles. — Ein wunderlicher Mann . . . Ein Mann!

Sechster Auftritt.
Paula; Molly.

Molly (öffnet hinten leise die Thür, zeigt zunächst nur die halbe Gestalt). Ja, Du bist allein. Es war hier ganz still geworden —

Paula. Ja, er ist fort.

Molly. Es war auch Zeit: zwölf Uhr! — Ich bin in einer himmlischen Aufregung, hab' ganz heiße Backen. Es muß was werden, es muß!

Paula. Ja, Tante Molly, es muß!

Molly (hebt ein beschriebenes kleines Blatt empor, das sie in der Hand hält). Hier ist schon der Kriegsplan, eben von mir aufgesetzt. Es sind ja wackere Frauen, die Du hergebeten hast — zu allem Guten zu bringen — aber wir müssen doch klug sein wie die Schlangen, Paula: zur Politik gehört ein Kilo teuflische Schlauheit, und dies ist Politik. Besonders da Lucie von Leppin dabei ist: — muß das wirklich sein?

Paula. Sie darf nicht sagen, man habe sie ausgeschlossen: sie soll ihre Farbe hier zeigen —

Molly. Und Du meinst, sie kommt?

Paula (nickt). Sie hat zugesagt. Ich schrieb ihr gestern einen sehr artigen, bedauernden Brief — der mir grausam schwer wurde — und sie wird nun kommen.

Molly. Das ist alles eins: die Hauptperson bleibt immer Frau von Heide: vor der haben sie alle einen wunderbaren Respekt. Sie würde uns aber in ihrem Güterzugs-Tempo langsam zu Tode reden: darum ist mein Kriegsplan: Du und ich, wir machen die ganze Debatte allein! So oft die Heide oder sonst Jemand reden will, fall' ich ihr ins Wort: sage alles Dumme und Unpassende, was man sagen kann — und Du widerlegst mich. Bei jedem neuen Paragraphen dasselbe. Um Dir's leicht zu machen, hab' ich meine dummen Einwände und Deine höhere Weisheit (auf das Blatt deutend) hier in großen Zügen entworfen: lies es durch und merk' Dir's — hast ja einen raschen Kopf! (Horcht.) Deine Damen kommen. Ich werd' sie im Saal empfangen: studir' Du unterdessen geschwind unsere Debatte. (zieht Paulas Hand an ihre Wange) Fühl', wie ich hier brenne. Aber ich zittere vor Wonne über meine Paula. Ich hab's immer gewußt: unter ihren schönen Kleidern wachsen ihr so ganz im Stillen ein paar große

Flügel, mit denen fliegt sie noch hoch! (sie schnell küssend) Da! (Eilt rechts hinaus.)

Paula. Gute Tante Molly. (lächelnd) So eine ruch=lose Intrigantin — und so ein reines Herz! — Daß das so beisammen sein kann . . . (Blickt auf Molly's Blatt.) Mit welcher diabolischen Geschwindigkeit hat sie das entworfen! Und wie übersichtlich; wie klug. (Fährt sich mit einer Hand über die Augen.) Aber der Nebel kommt wieder; die Buchstaben laufen durcheinander wie beim Bäumchen = Verwechseln. Nein, ich kann's nicht lesen. — Ich will mich auf die Stimme in meinem Herzen verlassen, die wird mir's schon eingeben; und du wirst mir deine Worte leihen, guter Meister Eckard; für einen Zweck, der nach deinem Sinn ist, darf ich sie ja brauchen!

Siebenter Auftritt.

Paula; nach und nach, von rechts, **Molly, Frau von Heide, Lucie, Frau Schwarzenbeck** und noch zwei **Damen.**

Molly. Da sind wir, Hausfrau; alle schon bei=sammen. Der Reichstag kann von uns lernen!

Paula (jeder die Hand gebend). Meine lieben und werthen Damen, herzlich, herzlich willkommen. Sie haben meine dringende Bitte freundlich aufgenommen; ich danke Ihnen aufs wärmste!

Frau von Heide. Sie schrieben von einem „edlen, gemeinnützigen Werk", das wir berathen sollten; Sie wissen, liebe Frau Dolberg, dem entzieh' ich mich nie.

Molly (für sich). Langsam, aber gut. (laut) Frau von Heide sagt, wie immer, das rechte Wort. Und nun, denk' ich, ad loca! wie die Studenten sagen. Gehn wir frisch an's Werk! (Nimmt einen Stuhl, stellt sich hinter ihn.)

Paula. Bitte, meine Damen, rund um den Tisch! (Sie setzen sich; Paula den Zuschauern grade gegenüber, rechts von ihr Frau von Heide, links Frau Schwarzenbeck; neben dieser Molly, neben Frau von Heide Lucie; die beiden Andern auf der Vorderseite des Tisches.)

Molly (während sie sich setzen). Und da es sich um eine parlamentarische Berathung handelt, so brauchen wir auch ein geordnetes Verfahren und einen Präsidenten. Ich schlage vor: die Hausfrau präsidirt!

Frau von Heide. Ich glaube, meine Damen, wir sollten uns diesem Vorschlag anschließen: denn —

Molly (ihr ins Wort fallend). Also angenommen. Frau Dolberg ist Präsident!

Paula (steht auf). Ich danke Ihnen für die Ehre, die Sie mir erweisen; und ohne weitere Förmlichkeiten — (lächelnd) von denen ich auch keine Ahnung hätte — geh' ich gleich zur Sache. Ich habe mir erlaubt, Sie hierher zu bitten, (indem sie vermeidet, Lucie anzusehen) weil ich Ihre gute Herzen kenne und darauf vertraue; und weil Sie, wie ich, (lächelnd) noch in dem unternehmenden Mittelalter sind; die Aelteren, zum Beispiel meine Mutter, sind darum nicht hier. Wir gehören zu den sogenannten reichen Frauen, meine Damen; zu den beneideten. Der Neid ist schmeichel= haft, sagt man — aber auch gefährlich; und uns allen wär's wohl nicht recht, wenn es uns wie jenen Frauen auf einer fernen Insel erginge, von denen eine Geschichte er= zählt. (mit einem flüchtigen Seitenblick auf Lucie) Es war da eine besonders Reiche, der es in ihrem Uebermuth gefiel, Perlen zu verbrennen; und als einmal ein alter Mann aus dem Volk dazukam und die Hände rang und ihr vorhielt: „von so einer einzigen Perle könnte eine arme Familie ganze Jahre leben!" da erwiderte die reiche Frau: „eben weil ich das weiß, verbrenne ich sie gern; darin liegt der Reiz, das ist mein Vergnügen!"

Molly (steht im Eifer auf). Ja, aber ein Jahr darauf kam ein Reisender auf dieselbe Insel, und fand Alles in Aufruhr; und sah vor der Stadt eine lange Reihe von Scheiterhaufen, die sehr lustig brannten. Und als er fragte, was das bedeute, erhob sich ein alter Mann aus dem Volk und sagte: „Wir verbrennen alle reichen Frauen, da= mit sie keine Perlen mehr verbrennen; das ist unser Ver= gnügen!"

Paula (lächelnd). Ich danke Dir, Tante Molly. Wenn Du auch meine Rede halten willst, so sag' es; dann mach' ich Dir Platz!

Molly (zerknirscht). Ich bitte tausendmal um Vergebung, Herr Präsident. Ich will's nicht mehr thun! (Setzt sich.)

Paula. Meine Damen, auch bei uns giebt es solche Frauen, die gerne Perlen verbrennen; Sie wissen, wie ich's meine. Sie sehen ja jeden Tag, wie zwecklos, wie sinnlos, wie herzlos von so Manchen geprunkt und vergeudet wird, während so viele Andre in Noth und Elend vergehn. Und auch bei uns rührt sich mancher fromme Wunsch, alle die reichen Frauen, alle, gründlich zu verbrennen! (Zustimmende Bewegungen.) Schon die Vernunft, die Furcht sollten uns zusammentreiben, daß wir uns bemühn, die hoffährtigen und herzschwachen unter unsern Schwestern an diesem Perlen=Verbrennen zu hindern, das das Volk erbittert. (Lucie steht auf; bezwingt sich, setzt sich wieder. Paula fährt ruhig fort, mit schlichter, wachsender Wärme.) Aber nicht nur die Furcht — auch das gute Herz, auch die Menschenliebe, alles Edle in uns! Sollen die Bevorzugten nicht den Andern zeigen, daß sie sich ihnen brüderlich und schwesterlich verpflichtet fühlen, daß sie über allen Unterschied hinweg in Gemeinschaft leben, daß sie in jedem Glück auch der Noth gedenken? — Kurz, daß ich Ihnen gleich meinen Gedanken sage: lassen Sie uns einen Verein guter Frauen gründen — zunächst in unserer Stadt — die sich zur Selbstbesteuerung ihres Luxus verpflichten; damit finge es an!

Lucie (mit etwas spöttischem Lächeln). Meine liebe Paula, ich verstehe noch nicht —

Paula. Sie werden sogleich — — Hören Sie, bitte, den ersten Paragraphen meines vorläufigen Entwurfes an. (Nimmt ein Blatt, das vor ihr auf dem Tisch liegt; liest vor) „Jedes Mitglied dieses Vereins verpflichtet sich, bei jedem größeren Genuß seines Ueberflusses — sei es eine Reise, oder ein Fest, oder ein andrer Luxus irgend welcher Art — einen näher zu bestimmenden Prozentsatz der ausge=

gebenen Summe für Zwecke der Menschenliebe zu ver=
wenden."

Lucie (für sich). Ah! Das fängt gut an!

Frau von Heide. Hm! — Ein überraschender,
aber zum Herzen sprechender Gedanke. Nur wäre doch
wohl auch allerlei zu bedenken —

Molly (steht rasch auf). Eben das wollt' ich sagen,
und ich bitte ums Wort!

Paula. Frau Molly Berger hat das Wort. (Setzt sich.)

Molly. Wie Frau von Heide richtig bemerkt: gegen
diesen gewiß vortrefflichen Gedanken sprechen doch auch
starke Bedenken! Denn erstens: „bei jedem größeren
Genuß seines Ueberflusses" soll man sich besteuern; wo
fängt aber der größere an, wo hört der kleinere auf? Und
zweitens: wer soll kontrolliren, ob Jeder das auch thut,
wozu er sich verpflichtet? Und drittens: „Zwecke der
Menschenliebe" — also meist doch Almosen — — er=
ziehen wir nicht so die Menschen mehr und mehr zu Bett=
lern? Und endlich viertens: sind denn auch alle guten
Frauen wohlhabend genug, um jede größere Ausgabe
noch durch so eine freiwillige Steuer zu vermehren?
Dixi! (Setzt sich.)

Frau Schwarzenbeck. Da haben Sie wohl
Recht —

Paula (steht auf). Ich ersuche Frau Molly Berger,
mich nur recht zu verstehn; dann hat sie nicht Recht. Ich
will ja nicht einen Verein der armen Frauen gründen,
sondern der reichen; diese reichen — wie wir — sollen
sich besteuern, und zwar nur wenn sie Luxus treiben, und
zwar nur wenn es ein handgreiflicher Luxus ist.
Wann und wo er das ist, das soll Jede nach Einsicht und
Ehrgefühl entscheiden; wir wollen ja ein freier Verein von
ehrliebenden, gebildeten, denkenden Frauen sein; wir wollen
uns selber, durch gegenseitiges Beispiel und einen edlen
Wetteifer, zu Vorbildern für die Uebrigen erziehn und eine
neue Zeit mitbegründen helfen. Darum brauchen wir
auch keine Vereinspolizei, die uns „kontrollirt"; unser

Ehrgefühl wird uns überwachen. Wenn aber die geehrte Vorrednerin von Almosen sprach, — giebt es denn nichts als das? Sind nicht unzählige Stiftungen und Häuser für das Volk zu schaffen, für seine Waisen, seine Schwäch=linge, seine Fortbildung, seine ästhetische Erziehung, seine edlen Vergnügungen — denn auch Schönes soll es ja für Alle geben — das ganze Volk soll empor, empor — dafür leben wir. Dafür sollen vor Allen wir, die von Gott Gesegneten, leben. Das ist unsre Pflicht!

Frau von Heide (steht auf; bewegt). Sie haben Recht, meine liebe Frau Dolberg. (Giebt ihr die Hand.) Das ist unsre Pflicht. Und „das ganze Volk soll empor"; „es soll Schönes für Alle geben"; das sind gute Gedanken. Ich bin dabei! bin dabei!

Molly. Frau Paula Dolberg hat mich schmählich widerlegt; ich gebe mich überwunden. Vorwärts zu Paragraph Zwei!

Frau Schwarzenbeck. Dann habe ich auch keine Bedenken mehr. Vorwärts zu Paragraph Zwei!

Lucie (mit einem bösen, unklaren Lächeln). Ja, hören wir Paragraph Zwei!

Paula. Hier ist er. (Liest.) „Wird ein Mitglied dieses Vereins dem Zweck desselben so untreu, daß es wegen Unwürdigkeit ausgestoßen wird, so sind alle Mitglieder ver=pflichtet, den gesellschaftlichen Verkehr mit der Ausgestoßenen völlig aufzugeben."

Lucie (unwillkürlich). Ah!

Frau von Heide. Ah! das ist — wieder über=raschend. Da kommen wir aber doch auf ein bedenkliches Gebiet —

Molly (steht rasch auf). Das meine ich auch, und ich bitte ums Wort!

Paula. Frau Berger hat das Wort. (Setzt sich.)

Molly. „Den gesellschaftlichen Verkehr völlig auf=zugeben" — das ist ja die heilige Vehme. Da schüttelt sich mein Kopf. — Und wie soll man das durchführen? — Und mit wem sollen diese Verfehmten dann noch umgehn,

wenn wir sie aus unsern Jours fixes und Salons ver=
stoßen?

Paula (steht auf; Molly setzt sich). Die geehrte Vor=
rednerin hat von der „heiligen Vehme" gesprochen; ich fürchte,
das war ein unglücklicher Vergleich. Wer durch das
heilige Gericht verfehmt war, den waren alle Eingeweihten
verpflichtet an einem Baum aufzuhängen, oder sonst zu
tödten. Ein so gründliches Verfahren beantrage ich ja nicht.
Wie man aber das durchführen soll, das was ich be=
antrage? Ja, meine Damen, etwas Konsequenz und auch
etwas Muth gehört zu jeder ernsten Sache; will man nichts
unternehmen, als was bequem und gemüthlich ist, dann
mache man sich nur lieber gleich seine Wiege zum Sarg
zurecht. Mit wem diese ausgestoßenen, schlechten Frauen
dann noch umgehen sollen? Nur mit Ihresgleichen; —
es wird ihnen leider nicht fehlen. Von uns aber sollen
sie nur den Rücken sehn; der ist für sie gut genug!

Lucie (steht auf). Und wie, meine liebe Paula, denken
Sie es mit den Andern zu halten, die von vornherein
verweigern, in Ihren Verein zu treten?

Paula (erwidert ruhig und fest Luciens etwas herausfordern=
den Blick). Von denen handelt Paragraph Drei. (Liest.)
„Es ist selbstverständlich, daß gegen diejenigen Frauen, die
den Eintritt in den Verein ablehnen, keine Art von Zwang
oder Gehässigkeit ausgeübt werden soll. Dagegen ver=
pflichten sich die Mitglieder, Frauen aus ihrer Welt, die
durch ihre auffallende, selbstsüchtig verschwenderische Lebens=
führung ein unwürdiges und gefährliches Beispiel geben,
von ihrem gesellschaftlichen Umgang auszuschließen.

Lucie. Ah! Also wirklich! Denen, die ihr Leben
anders führen als Sie, erklären Sie den Krieg!

Paula. Was nennen Sie „Krieg"? Wenn ich mit
Ihnen oder irgendwem das Handschütteln aufgebe, weil es
mir mißfällt, schieß' ich ihm damit eine Kugel vor den
Kopf? Und soll ich nicht den Muth haben, einem un=
würdigen Menschen zu zeigen, daß er mir mißfällt? —
Sehen Sie mich nicht so bedenklich an, liebe Frau von Heide;
wie wollen wir denn erreichen, daß das Gute durchdringt,

wenn wir uns nicht herausnehmen wollen, das Schlechte
zu verachten? wenn wir es nicht einschüchtern und bei Seite
drücken, bis es sich vor der Welt und zuletzt vor sich selber
schämt, und herüberkommt? — Man soll keine Perlen
mehr verbrennen; der Reichthum soll helfen, er soll nicht
beleidigen; so will's unsre Zeit, dem muß man ge=
horchen. Wer durch seinen Reichthum beleidigt, der soll
so lange von uns verleugnet, ausgeschieden werden, bis er
sich bekehrt. Fühlen Sie das nicht? Sie alle? Stimmen
Sie mir nicht zu?

Frau von Heide (steht auf). Ja, ja, ja, meine Beste
— ja, ich stimm' Ihnen zu. „Der Reichthum soll helfen"
— „er soll nicht beleidigen" — ja, darin liegt's. Ich
unterschreib' Ihnen alles; ich bin mit dabei!

Molly (für sich). Langsam, aber wieder gut! (laut)
Frau von Heide geht, wie immer, den rechten Weg. Meine
Damen, die Hand hoch, wer ihr folgen will! (Alle heben die
rechte Hand, außer Lucie.)

Paula (glücklich). Alle! — — Nur Sie, Lucie, nicht?

Lucie (steht auf). Nein, meine Liebe, ich nicht. Ich
bin seit zwölf Jahren mündig, ich lasse mich nicht mehr be=
vormunden; weder durch Sie, noch durch Ihren Verein.
Was ich mit meinem Gelde thun will, das ist meine Sache;
zwingen laß' ich mich nicht!

Paula. Ich verstehe nicht. (auf ihren Entwurf deutend)
Sie sollen ja freiwillig —

Lucie. Freiwillig! Ach, die liebe Unschuld. Sie
wollten mich zwingen, mitzumachen, oder wegen „unwür=
diger Lebensführung" mir den Stuhl vor die Thür setzen;
darum haben Sie diesen Paragraph Drei erdacht — Sie
oder Ihr Helfershelfer!

Paula. Was für ein Helfershelfer?

Lucie. Heucheln Sie doch nicht. Ihr Herr Ulrich
Eckard; er stieg ja da unten in seinen Wagen, als ich kam;
er kam ja von Ihnen. Mit diesem seinen Herrn, der so
bezaubernd galant gegen die „Damen" ist, haben Sie sich
verbündet, um auch einmal auf diese Weise interessant zu

sein und um mich klein zu machen. Mit Lucie von Leppin, meine Liebe, werden Sie so nicht fertig! Verfehmen Sie mich nur, weil ich zu viel Geld verbrauche und zu wenig verschenke; spielen Sie die Dulcinea dieses Don Quixote; den Ritter gönn' ich Ihnen. Ich werde doppelt so viel verbrauchen, Paragraph Drei zum Trotz. Adieu! (Rechts ab.)

Frau Schwarzenbeck (nach kurzem Schweigen). Das bedaur' ich sehr. Wenn die Leppin nicht mitthut —

Frau von Heide. Ei was! Dann erst recht! Nun grade! — Frau Schwarzenbeck, wackeln Sie nicht, bleiben Sie fest. Von einer „Dulcinea" zu sprechen — das ist ja empörend. Die soll uns kennen lernen . . . Da haben Sie meine Hand, Frau Dolberg. Ich bin fest dabei; und die andern auch!

Frau Schwarzenbeck. Nun ja doch. Da ist meine Hand! (Die Andern folgen.)

Paula. Sie machen mich glücklich, meine Damen; so glücklich —

Frau von Heide. Wenn Sie uns ein Glas Wein angeboten hätten, so tränk' ich gleich auf Ihr Wohl!

Paula. Das sollen Sie morgen thun, meine Beste, wenn Sie dann noch wollen: zu morgen Abend bitte ich Sie alle (lächelnd) auf einen festlichen Trunk; da machen wir dann unsern seierlichen Bund, seilen unsere Satzung fertig, schreiben die Frauen auf, an die wir uns wenden wollen, daß sie zu uns treten. Also morgen im Rütli, liebe Eidgenossen!

Frau von Heide. Werden nicht ermangeln. So ziehn wir denn ab, meine Damen; um einige gute Gedanken klüger, als wir gekommen sind. (zu Paula) Sie gefallen mir sehr; — Adieu. (ihre Begleitung ablehnend) Bleiben Sie nur hier. Uebrigens, Frau von Leppin ist bedeutend länger als zwölf Jahre mündig; ist kaum jünger als ich! — Adieu! (Rechts ab, mit Frau Schwarzenbeck und den beiden Andern; nur Molly bleibt bei Paula.)

Molly. Sie ist doch ein guter Kerl, diese Frau von Heide. — Nun muß ich mich aber an Deine Helden=brust werfen, meine theure Paula. (Umarmt sie.) Diese erste Schlacht hast Du schön gewonnen! Die Leppin wird's merken . . . (sie noch umschlungen haltend) Ich war Dir aber eine gute Folie; wie? Für die gute Sache hab' ich ein bischen geteufelt, das thut nichts; Gott sieht in mein Herz!

Paula. Tante Molly, ich bin in einem Himmel — in dem war ich noch nie! (Klopfen an der hinteren Thür.)

Molly (verwundert). Wer klopft da? aus Deinem Boudoir? — Herein!

Achter Auftritt.

Paula, Molly; Eckard (von hinten).

Eckard (öffnet die Thür, im Ueberrock; bleibt stehn. Mit etwas erregtem Lächeln). Verzeihen Sie: ich bin schon da. Muß in meine Fabrik, hatte nur noch ein paar Minuten Zeit; da dacht' ich: Versuch's! — Weil aber die Damen heraus=kamen, bin ich (mit Geberde) so herumgegangen, um ihnen nicht in den Weg zu laufen; Sie entschuldigen!

Paula (glücklich lächelnd). Sie kamen zur rechten Zeit. — Bitte, lesen Sie das! (Giebt ihm den Entwurf.)

Eckard (überfliegt das Blatt). Ah! Also das. Das war's. — Ich staune, gnädige Frau. Ein kühner Gedanke; — aber er sieht ein wenig wie das Ei des Columbus aus. Und das ward hier beschlossen?

Paula. Ja; Alle gegen Eine. Gegen Frau von Leppin. — Wünschen Sie mir Glück?

Eckard. Ich? Sehr von Herzen. (lächelnd) Ich hab' ein Gefühl, als wär' ich noch um einen Grad glücklicher als Sie!

Molly (für sich). Bei Gott, so sieht er auch aus. Den hat man anders angestrichen, den kenn' ich nicht wieder!

Paula (deren Hand Eckard inzwischen gedrückt hat, ihr warm in die Augen blickend). Wie thun Sie mir wohl —

Eckard. Und nun muß ich gehn!

Paula. Bitte, nur noch ein Wort. Da Sie so gut zu mir sind — könnten Sie mir noch etwas zu Liebe thun? (auf den Entwurf deutend) Dies da wollt’ ich allein machen, das war mein Stolz, mein Ehrgeiz; aber nun beginnen erst die Steine im Weg, all’ die Schwierigkeiten; nun müßt’ ich den Kopf und die Erfahrung eines Mannes haben —

Eckard. Und da brauchen Sie mich. — Da bin ich!

Paula. Nein, sagen Sie mir noch nichts zu — erst muß noch etwas aus der Welt sein zwischen Ihnen und mir: (mit bewegtem Lächeln) das „Unsachliche“, mein’ ich, die Förmlichkeit, die Galanterie. Ich ertrüg’ es nicht, Sie bei mir zu sehen, Rath und Beistand und Güte von Ihnen anzunehmen, wenn ich denken müßte: du bist eine Dame für ihn, vor der er seiner innersten Natur Zwang anthun muß. Wollen Sie mir versprechen, Herr Eckard, mit mir so zu sein, wie mit Tante Molly und Ihrem „Vetter“, der Käthe? immer wahr, sachlich, rücksichtslos, gradezu?

Eckard (sieht ihr eine Weile ins Gesicht). Sie überraschen mich heute schon zum zweiten Mal. — Aber ich seh’ Ihnen an: Sie können das nicht nur sagen, können es auch thun. — Also gut. Ich danke Ihnen. (Nimmt ihre Hand.) Das ist abgemacht.

Paula. Und wollen Sie nun heute Abend zu mir kommen — Sie und Tante Molly — um mir für morgen zu helfen? Morgen kommen die Andern —

Eckard. Heute Abend, gut. Um acht?

Paula. Wie Sie wollen.

Eckard. Also um acht Uhr. Und dann, so oft Sie mich brauchen; (seine Bewegung hinter einem Lächeln verbergend) ich sag’ das nur dieses eine Mal, denn es gilt für immer. Und nun muß ich fort!

Neunter Auftritt.

Die Vorigen; Oskar (von rechts).

Oskar (dem der Diener öffnet, dann abgeht; wird überrascht und etwas verlegen, da er Eckard sieht). Ah, mein Onkel noch hier! — — Sie hatten freundlich gestattet —

Eckard (hat ihn gleichfalls verwundert angesehn). Ich mache Dir Platz, mein Junge, denn ich gehe fort. (zu Paula) Dieser kriegerische junge Mensch gehört gewissermaßen auch zu Ihrem Bund: er hat sich für seinen Onkel geschlagen, gegen den Bruder der Frau von Leppin. (zu Oskar) Diese kleine Indiskretion wird Dir bei Frau Dolberg wohl nicht schaden, denk' ich. — Leben Sie denn wohl!

Paula. Auf Wiedersehen! noch heut!

Molly (zu dem abgehenden Eckard). Ich bin so glücklich — muß mir noch etwas Luft machen: ich begleite Sie bis zur Thür! (Rechts mit Eckard ab.)

Oskar. Ich weiß nicht, warum mein Onkel — — Er bringt mich ja in eine unwürdige, lächerliche Position. Von so einer Kinderei zu reden —

Paula. Daß Sie mit Anton Meerveld —? Aber mein guter Oskar, das steht Ihnen ja gut; (herzlich lächelnd) das streich' ich Ihnen ja roth in meinem Kalender an. Hier im Herzen, mein' ich. Sich für Ihren Onkel zu schlagen, für diesen herrlichen — — — Da haben Sie meine Hand!

Oskar (vor Freude verwirrt). Frau Paula! (Küßt ihre Hand.) Sie sind zu gut. Das — das halt' ich nicht aus. — Darf ich noch einmal —?

Paula (lächelnd). Sie dürfen noch einmal; ja. Ich bin Ihnen sehr gut. (Er küßt ihre Hand nochmals.) Und nun setzen Sie sich!

Oskar. Setzen?

Paula. Ja. Hierher.

Oskar (für sich). Sie ist mir sehr gut! (laut, mühsam) Wie soll ich da sitzen, Frau Paula; — sitzen kann ich nicht. Wenn Einem so zu Muth ist wie mir, wie kann man da

5

— — „In Ihrem Herzen", sagen Sie. Himmlische Frau Paula!

Paula (über Oskars Ton und Benehmen verwundert, sucht zu scherzen). Ja, in meinem Herzen; aber bei alledem stehe ich nicht gerne. Wenn wir uns noch unterhalten wollen, nun so nehmen wir Platz!

Oskar (für sich). Nein. Dies ist die Stunde. Wenn sie mir so gut ist, kann ich nicht mehr schweigen! (laut) Göttlichste der Frauen — nicht auf so einem Stuhl — hier ist mein Platz. (Kniet vor ihr nieder.) Mein ganzes Herz liegt Ihnen hier zu Füßen. Ich bin ja Ihr Oskar! Ich bete Sie ja an!

Paula. Sie sind närrisch geworden, scheint mir. Stehen Sie auf!

Oskar. Was ist Anton Meerveld — und was ist mein Onkel — — Für Sie gegen alle Welt! Sagen Sie mir, was ich für Sie thun soll —

Paula. Aufstehen sollen Sie. Hören Sie! Stehen Sie auf!

Zehnter Auftritt.

Paula, Oskar; Molly (von rechts).

Molly. Alle guten Geister! (Oskar springt auf.) Was ist denn geschehn? (auf den Boden blickend, wo er kniete) Wie kommt der dahin?

Paula. Frag' ihn das; laß Dir's von ihm sagen; ich hab' genug. Sag' ihm meine Meinung, Du: ich wünsche diesem Jüngling nichts mehr mitzutheilen. Sag's ihm, daß er's versteht! (Ungestüm nach hinten ab.)

Molly. I, dem will ich's wohl sagen. (Sieht im Hintergrunde die Päckchen auf dem kleineren Tisch.) Da liegen ja noch meine — — Warten Sie einen Augenblick, mein ge= liebter Oskar. (Läuft, nimmt eines der Kinderhäubchen und ein Lätzchen; kommt zurück, bindet ihm hurtig das Lätzchen vor.) Wenn Sie wieder einmal vor einer würdigen Dame knieen, so vergeſſen Sie nicht, dies „Schlappbörtchen“ anzulegen; das giebt Ihnen erſt die richtige Kindlichkeit. (ihm das Häubchen aufſetzend) Und da! Nehmen Sie das! — Adieu! (Läuft rechts hinaus.)

Oskar. Tante Molly! — Scheuſal! — — O Gott! Fürchterliche Rache!

(Der Vorhang fällt.)

Dritter Aufzug.

Zimmer in der gemeinſchaftlichen Wohnung der Brüder Eckard, und zwar das gemeinſame, als ſolches durch eine Möbelgruppe in der Mitte gekennzeichnet: ein großer Tiſch, mit der Schmalſeite gegen die Zuſchauer gerichtet, an beiden Langſeiten von Chaiſelongues begleitet. Auf der Chaiſelongue zur Linken Decke und Kopfkiſſen. Auf dem Tiſch Bücher, Zeitungen, Papier, Schreibmappen, ein großes Tintenfaß, Aſchbecher. Vorn rechts ein Schachſpieltiſch, ein Spieltiſch für Karten links. An den Wänden Familienbilder. Eine Thür in der Rückwand führt auf den Vorplatz, eine Thür links zu Felix’, eine Thür rechts zu Ulrich’s Wohnung.

Erſter Auftritt.

Ein **Diener** öffnet hinten und läßt **Lucie** und **Frau Schwarzenbeck** ein= treten. (Frau Schwarzenbeck iſt verſchleiert.)

Diener (nicht in Livree; bei Jahren). Bitte, wollen die Damen ſich eine kleine Weile gedulden; Frau Regine wird gleich erſcheinen.

Lucie. Schon gut. (Diener ab. Lucie, mit etwas ſpöttiſchem Lächeln) Ah, meine liebe Frau Schwarzenbeck, Sie haben ſich dicht verſchleiert. — Sie wiſſen doch, Herr Ulrich Eckard iſt nicht zu Hauſe!

Frau Schwarzenbeck. Aber die Haushälterin könnte mich doch kennen. Sie müſſen doch begreifen —

Lucie. Gewiß; der Umgang mit mir ist Ihnen ja
verboten; die Dolberg hat's ja erreicht. Ich dachte nur,
Sie wären besonders couragirt.

Frau Schwarzenbeck. So! — Früher hat Ihnen
öfter beliebt, mich einen Hasen zu nennen!

Lucie. Sie haben ein schreckliches Gedächtniß, liebe
Schwarzenbeck. Lassen Sie es gut sein; ich dank' Ihnen
ja von Herzen, daß Sie die Courage gehabt haben, mich
hierher zu begleiten. Sie thun es ja übrigens nicht mir
zu Liebe, sondern für die Sache —

Frau Schwarzenbeck (nickt mehrmals; legt in der Erregung eine Hand auf Luciens Arm). Frau von Leppin! Wenn
sich das bewährt, wenn Sie das beweisen, daß Paula
Dolberg diesem Herrn Eckard in skandalöser Weise nahe
getreten ist, dann bin ich mit ihr fertig! und mein erster
Gang ist zu Frau von Heide!

Lucie. Es wird sich bewähren, und ich werd's
beweisen. Dieser Weiberfeind, dieser Ulrich Eckard — seit
den zwei Monaten, daß euer edler Verein existirt, den wir
Geächteten die „heilige Vehm" nennen, — seitdem ist er
beinahe jeden Tag bei der Präsidentin, der Paula. Wofür halten Sie das? Für gemeinschaftliches Katechismus-
lesen?

Frau Schwarzenbeck. Es ist uns schon lange auf-
gefallen, auch der Frau von Heide; aber wir dachten doch —

Lucie. Daß die Beiden zwei Engel wären. Nnn,
Sie werden ja sehn! — Nicht aus persönlicher Rancune, sondern für die Sache — — Sie kommt!

Zweiter Auftritt.

Lucie, Frau Schwarzenbeck; Regine.

Regine (tritt hinten ein; macht zwei tiefe Knixe). Bitte tausendmal um Entschuldigung, meine hochverehrte Frau
von Leppin. Ich war nicht so ganz in Toilette, wie es sich
gehörte . . . Frau von Leppin waren ja immer so gütig
zu mir, werden wohl vergeben —

Lucie. Lassen Sie das; versteht sich. (Giebt ihr die Hand.) Ich komme noch einmal, Regine — wollte doch noch hören, ob bei unserm guten Herrn Felix die Genesung so fortgeht —

Regine (verwundert). Hat er Ihnen das nicht ge=schrieben? Gestern wollte er schreiben; (nach links deutend) in seinem Arbeitszimmer sagte er mir's noch. Herr Felix Eckard war sehr gerührt, daß Sie sich persönlich nach seinem Befinden erkundigt hatten; — und es geht ihm ja wieder gut. Ist schon ausgegangen. Es war ja auch nicht so schlimm; (lächelnd) aber er klagt doch gern. Wie die Herren sind. Man muß sie so nehmen. Ja, es geht ihm recht gut!

Lucie. Ich komme auch nicht darum allein, meine liebe Regine; sondern weil wir eine Ueberraschung für Herrn Felix haben — ein kleines Geschenk zur Genesung — und gerne an Ort und Stelle sehen möchten, was er brauchen kann. (mit dem Kopf auf Frau Schwarzenbeck deutend) Auch eine Freundin des Herrn Felix. Aber Sie sagen nichts! Eine Ueberraschung!

Regine. Versteht sich. (Hat schon mehrmals neugierige Blicke auf Frau Schwarzenbecks Schleier geworfen. Für sich) Die ist wohl besonders stolz; will sich vor so Einer, wie ich bin, gar nicht sehen lassen. (laut, nach links deutend) In Herrn Felix Zimmer kann ich nur leider die Damen jetzt nicht führen; er ist wieder zu Hause —

Lucie. Um Gottes willen! Dann wollen wir leiser sprechen. Wo sind wir denn hier?

Regine. Im Familienzimmer; das hat der Herr Ulrich Eckard so einrichten lassen, weil er darauf hält, daß die Brüder am Abend oft beisammen sind. (auf die beiden Spieltische deutend) Sehn Sie, da wird gespielt — auch mit dem jungen Herrn — (auf die Möbel in der Mitte deutend) und da haben die Herren ihren Brüdertisch, wie ihn der Herr Ulrich nennt. Abends kommen zwei Lampen; (auf die Chaiselongue zur Rechten deutend) hier liegt dann mein Herr Ulrich, (nach links deutend) und da drüben Herr Felix — wenn sie zu Hause sind. Und dann lesen sie, oder erzählen

ſich was; und mein guter Herr Felix, der ſchläft manch=
mal ein —

Lucie. Unter der Decke da, nicht wahr; und auf
dieſem Kiſſen!

Regine. Freilich; denn ein bischen weich muß er's
immer haben. Ich bin ein Athener, ſagt er, und Du ein Spar=
taner. Wie die Herren ſchon ſind! Jeder hat ſeine Eigen=
heiten; man muß ſie ſo nehmen!

Lucie. Da hätten wir ja gleich das richtige Ge=
ſchenk: ein neues Kiſſen — denn das da wird ſchon recht
alt — und eine ſchönere Decke. Nicht wahr, meine
Liebe? (Frau Schwarzenbeck nickt.)

Regine (für ſich, mißvergnügt). Sprechen thut ſie nicht!

Lucie. Ich hoffe, das wird dem armen Geneſenen
etwas Freude machen . . . (Regine, mit zuſtimmenden Geberden,
will ſprechen; Lucie faßt ſie am Arm, ihr das Wort abſchneidend.) In
dieſer Woche blieb der Herr Ulrich wohl Abends immer zu
Hauſe und bei ſeinem Kranken?

Regine. Er war ja nicht ſo krank, liebe gnädige
Frau; ihm fehlte ja gar nicht viel. Nein, Abends fuhr
Herr Ulrich gewöhnlich zur Frau Dolberg; denn mit der
ſind wir nun ſehr befreundet —

Lucie. Und Herr Felix?

Regine. Der aß ſeine Suppe und ging früh
zu Bett.

Lucie. Aber er kam natürlich bald wieder nach
Hauſe?

Regine. Wer? Der Herr Felix?

Lucie. Nein. Herr Ulrich.

Regine. Bald nach Hauſe? O nein. Vor zwölf
doch wohl nie. Daran ſind wir nun ſchon gewöhnt!

Lucie (leiſe zu Frau Schwarzenbeck). Sie hören. Nicht
vor zwölf. Und die Mutter, Frau von Brühl, geht um
halb elf zu Bett! (laut) Er hat ſich hoffentlich nie darüber
beklagt?

Regine. Wer? Der Herr Ulrich?

Lucie. Nein; Herr Felix. Daß sein Bruder fast jeden Abend — —

Regine. Aber im Gegentheil. Gewundert hat er sich wohl, besonders in den ersten Wochen; aber noch gestern Abend sagte er zu mir: Regine, das ist mein Haupt= spaß, daß mein Bruder sich so verjüngt! Endlich kommt er doch einmal auch auf meinen Weg!

Lucie (leise zu Frau Schwarzenbeck). Auf den Weg des Lasters — na ja!

Regine. Und ich sagte noch: Herr Eckard, man muß Gott ja für Alles danken —

Lucie (die Hand wieder auf Regines Arm legend). Schon gut. Und — kommt sie auch zu ihm?

Regine. Zu Herrn Felix?

Lucie. Nein doch. Zum Herrn Ulrich!

Regine (für sich). Sie macht mich noch ganz konfus! (laut) O ja; aber nicht oft. Zweimal, daß ich weiß —

Lucie. Ah! (für sich, triumphirend) Also wirklich! (leise) Sie hören!

Frau Schwarzenbeck (leise). Ja. Ich bin starr. (laut, zu Regine) Frau Dolberg kommt auch hierher?

Regine (fast erschrocken, für sich). Jetzt spricht sie. (laut, etwas beunruhigt und unsicher) Nun ja; aber in Ehren, ver= steht sich. Mit der „Tante Molly“, wie man zu sagen pflegt —

Lucie (leise). Mit der Kupplerin!

Regine. Und zu mir ist sie immer so freundlich und so herzlich. Macht mir große Geschenke!

Lucie (leise). Sie hören! — Um diese alte Gans blind und taub zu erhalten . . . . (laut) Meine liebe Regine, Sie sagten: „zweimal, daß ich weiß.“ Damit wollen Sie wohl sagen: zweimal war sie hier, als Sie zu Hause waren; wie oft sonst noch, das ist Ihnen unbekannt.

Regine (geängstigt). Nun ja, freilich, so mein' ich's; — aber warum fragen die Damen mich nur gar so viel. Sie wollten ja eigentlich nur nach Herrn Felix fragen

… Immer „Frau Dolberg" und „sie" — mir wird noch
ganz sonderbar —

Lucie. Seien Sie ruhig, Regine; (lächelnd) wir sind
ja schon fertig. (leise) Nun schlägt ihr doch das Gewissen.
Sie hören! (Frau Schwarzenbeck nickt.) Hab' ich nun Recht
oder nicht? Fast jede Nacht bis zwölf Uhr; bald dort
und bald hier!

Frau Schwarzenbeck (leise). Ich fahre von hier zu
Frau von Heide; sie muß Alles wissen. Von einem solchen
Skandal machen wir uns los; das versteht sich von selbst!

Regine (für sich). Mein Gott, was sie nur so heim=
lich mit einander reden —!

Lucie. Also ich dank' Ihnen, Regine; (auf sich und
Frau Schwarzenbeck deutend) wir sind eben einig geworden:
Kissen und Decke, und noch was. Halten Sie reinen
Mund; verschwiegen wie das Grab — so, wie ich Sie
kenne!

Regine. Natürlich; versteht sich. Danke der guten
Nachrede —

Lucie. Und nun guten Abend! (Geht mit Frau Schwar=
zenbeck nach hinten.)

Dritter Auftritt:

Die Vorigen; Eckard (von hinten).

Eckard (kommt, den Hut auf dem Kopf; nimmt ihn ab, als
er die Damen sieht. Sehr erstaunt, für sich). Damen? (verfinstert)
Frau von Leppin? — Wie kommt die in mein Haus?

Lucie (im ersten Augenblick erschrocken; leise). Der schon
wieder hier? — Wie 'ne Bombe! (im Vorbeigehen sich höflich
verneigend, laut) Ich bitte, Herrn Felix Eckard zu grüßen.
Adieu! (Mit Frau Schwarzenbeck hinten ab.)

Eckard. Was heißt das? Was wollte diese Dame
hier?

Regine. Frau von Leppin? Sie kam, um nach
dem werthen Befinden Ihres Herrn Bruders zu fragen —

Eckard. Der ist ja ganz gesund. Und die Andre? Wer ist das?

Regine (zuckt die Achseln). Habe nicht die Ehre.

Eckard. Und weiter wollten sie nichts?

Regine (mit ihrer wachsenden Beklommenheit kämpfend). Doch, Herr Eckard; doch. Eine Ueberraschung für den Herrn Bruder — ich soll eigentlich nicht davon reden —

Eckard. Nun, so schweigen Sie. Zünden Sie lieber das Gas bei mir an; es will dunkel werden.

Regine. Wird sogleich geschehn. (für sich) Man muß Gott ja noch danken, wenn man so davonkommt; nach einem Gewitter sah's aus! (Rechts ab.)

Eckard. Die Leppin bei mir. Das soll Einer verstehn. „Eine Ueberraschung" für Felix — Unsinn! Ernstlich befreundet waren sie ja nie; und seit Oskars Duell — — (Blickt den Abgegangenen nach. Macht einige Schritte.) Mir scheint, ich werde nervös. So 'ne Kleinigkeit, so ein läppisches Räthsel legt sich mir auf die Brust, wie 'ne Wetterwolke. Was hat dies böse Weib hier gewollt? — Wenn ich die alte Schachtel, die Regine, aufs Gewissen fragte, die würde — — (Wendet sich nach rechts. Bleibt wieder stehn.) Was für ein Einfall! Das ist nichts für mich. Sie soll meinetwegen schweigen, (lächelnd) bis sie daran erstickt!

Vierter Auftritt.

Eckard; der **Diener** von vorhin, dann **Wiencke**. (Langsames Dunkeln.)

Diener (tritt hinten ein). Herr Eckard, ein Mann ist da, der Sie zu sprechen wünscht; war schon heute Morgen hier. Wiencke nennt er sich.

Eckard. Ich kenn' keinen Wiencke. — Lassen Sie ihn eintreten. (Diener ab.) Ob ich Frau Paula heute Abend noch sehe? — — Käthchen kommt zum Klavierspiel. — Es ist so ein warmer, verrückter, erster Frühlingsabend — und doch ist mir so wenig nach unsern vierhändigen Sonaten zu Muth!

Wiencke (tritt hinten ein; ärmlich, doch sauber gekleidet. Vor Verlegenheit ungeschickt). Guten Abend, Herr Eckard. Ich habe doch wohl die Ehre, Herrn Ulrich Eckard zu sprechen.

Eckard. Der bin ich. Sie wünschen?

Wiencke. Ihnen zu danken, Herr Eckard —

Eckard. Bitte, treten Sie näher.

Wiencke (tritt näher). Ihnen sehr zu danken; in unser aller Namen . . . Wegen der Unterstützung, mein' ich, für unsre Frauen und Kinder. Wo Sie damals im Schwur=gericht, und auch sonst noch, gesammelt haben —

Eckard. Ah, Sie sind also einer von den Uebel=thätern, die wir verdonnern mußten.

Wiencke (nickt). Einer davon bin ich.

Eckard. Und nun sind Sie frei!

Wiencke (nickt). Seit gestern. Zwei Monate. — Für die Verurtheilung wollt' ich Ihnen nicht danken; das verlangen Sie wohl auch nicht. Aber (vor Bewegung seinen Hut drehend) für das Andre; daß Sie unsern Familien so geholfen haben. Das hat uns sehr gewundert, Herr Eckard; denn es hätten das auch wohl Wenige gethan; so sind ja die Menschen nicht. Und ich wollte nur, ich könnt's Ihnen auch so aussprechen, wie ich's fühle; (die Achseln zuckend, mit halb erstickter Stimme) aber, Herr Eckard, ich kann's nicht!

Eckard (herzlich). Nun, dann lassen Sie's. Ich ver=steh' Sie schon. — Wenn Sie fühlen, daß ich meine Menschenpflicht gegen Ihre Leute erfüllt habe, so erfüllen Sie nun die Ihrige und kehren Sie als ein friedfertiger, ordnungsliebender Bürger in die Gesellschaft zurück!

Wiencke. Herr Eckard, das wollt' ich wohl. Wenn nur wir Arbeiter nicht die Stiefkinder der Gesellschaft wären —

Eckard (ohne Härte). Lassen Sie die Phrasen, Mann; damit kommt man nicht weit. Lassen Sie sich von den Volksverführern in Ihrem Gehirn keine Feuersbrunst machen: vor dem Qualm da drinnen sehen Sie dann nicht mehr, wie die Welt wirklich ist. „Stiefkinder"!

ist nicht mehr wahr; alle braven Leute, vom obersten an, fühlen jetzt mit euch; die Gelehrten, die Staatsmänner arbeiten für euch, die Dichter dichten für euch, die Maler malen für euch. Wer ist jetzt das Stiefkind? Das Kapital, dem ihr so spinnefeind seid; das kämpft jetzt einen schweren Kampf — wenn ihr nur die Augen aufmacht, müßt ihr ihn ja sehn. Alle wirthschaft= lichen Kräfte und Verhältnisse arbeiten so zusammen, daß der Unternehmergewinn sinken muß und die Löhne steigen; die neuen Millionen tragen nicht mehr so viel ein, wie die alten; der Kapitalist, um zu bestehn, muß den Arbeiter an sich fesseln, muß ihm geben, was er begehrt — wenn er mit Maß begehrt. Und so liegt's an euch —

Wiencke. Ja, wenn das so wäre, Herr!

Eckard. Herr, es wird jetzt so! Habt nur Ver= nunft und Geduld, und ihr habt die Zukunft: gute, reich= liche Löhne, die euch sorgenfrei und behaglich machen, kurze Arbeitszeit, bei der euer Geist sich bilden, euer Körper sich pflegen kann. Laßt nur die Hände von den Steinen weg, und den Kopf von den Hirngespinnsten; richtet euch nach der Natur: da wächst Alles langsam; der Baum, der Wald, die Erde — so auch euer Stand! Seht doch hin, ihr Leute, was für euch geschieht, das Eine durch den Zwang der Dinge, das Andere freiwillig; wie gleich einer Sonne der Gedanke aufgeht: jeder Arbeit ihr Lohn, jedem Kranken seine Zuflucht, jedem Müden seine Ruhestätte! Eure Zeit ist da; habt nur Vernunft und Geduld!

Wiencke (nach kurzem Schweigen, bewegt). Sie sind ein reicher Mann, Herr Eckard. Sie haben viele Thaler und viele Gedanken; — und Sie geben von Allem, und gern. (mit halbem Lächeln) Nur die Hand geben Sie mir wohl nicht —

Eckard. Warum nicht? Weil Sie sitzen mußten? Sie sind ja doch nicht hergekommen, um so fortzumachen. Sie wollen das ja beherzigen, was ich Ihnen sagte; ich seh's Ihnen ja an!

Wiencke. Ich will's auch, Herr Eckard. (Hält ihm die Hand hin, die Eckard nimmt.) Was Sie da eben sagten, so alles

auf einmal geht das nicht in meinen Kopf hinein; — aber
daß Sie mir nichts vormachen, das seh' ich Ihnen ja an.
Könnt' man so einen Mann wie Sie nur auch öfter hören —
(an seine Stirn klopfend) von wegen des Kopfes, mein' ich —
daß das alles hineingeht!

Eckard. Das können Sie ja; hier. Wenn Sie
Feierabend machen, bin ich meist zu finden. Brauchen Sie
was von meinen „Gedanken", wie Sie sagen, ist Ihnen
nach Belehrung zu Muth, so kommen Sie nur zu mir!

Wiencke. Herr Eckard! Sie verstehn's! Das Herz
im Leibe drehen Sie Einem um. Ich kam ja schon dank=
bar her — aber wie geh' ich nun. Das alles für einen
Mann wie ich — den Sie gar nicht kennen!

Eckard (lächelnd). Nun, ein wenig doch: hab' Sie ja
einsperren lassen. — Also Sie kommen wieder. (Wiencke nickt.)
Uebrigens, was eure Frauen und Kinder betrifft, da hat
ein Anderer mehr gethan als ich; eine Frau. Frau Dol=
berg. Besonders in den letzten vier Wochen —

Wiencke. Hab' davon gehört, Herr Eckard. Und
ich möcht' ihr auch danken; nur daß ich nicht weiß —

Eckard. Wo sie wohnt. (Schreibt mit einem Bleistift auf
einem Blatt Papier, das auf dem großen Tisch liegt; giebt ihm dann
das Blatt.) Das ist ihre Adresse. Sie braucht keinen Dank;
aber sie wird sich freuen, Herr Wiencke, Sie auch zu sehn.
Sagen Sie ihr nur, wie gut wir uns hier zusammen=
gesprochen haben; das hört sie gewiß sehr gerne. Eine
gute Frau. Also auf Wiedersehn! (Giebt ihm die Hand.)

Wiencke. Wenn Sie erlauben, werde ich schon kommen.
Und werde Ihnen auch keine Schande machen — wenn ich
auch damals — — damals — — (Bringt es nicht heraus;
legt nur den Finger an die Stirn.) Feuer im Kopf — wie Sie
sagten. — Keine Schande machen. Guten Abend, Herr
Eckard!

Eckard. Adieu! (Wiencke hinten ab.) Der kann noch
werden. — Jetzt geht er wohl zu Frau Paula . . . Was
ich auch denk' und treibe, immer komm' ich zu dieser Frau.
Wie die in mein Leben eingewachsen ist — wer hätte das.

gedacht! — — Aber wer hätt' auch gedacht, daß sie so eine Frau wäre. Dieses Herz und dieser Kopf, wie haben die sich bewährt!

Fünfter Auftritt.

Eckard; **Oskar** (von hinten); gleich nach ihm der **Diener**, der zwei brennende Lampen trägt, auf dem großen Tisch rechts und links neben die Chaiselonguen stellt und dann wieder abgeht.

Oskar (will nach links; sieht Eckard). Ah, schon zu Hause, Onkel. Gott grüß' Dich.

Eckard. Ebenfalls, Herr Neffe. Wie geht's?

Oskar. Nnn, wie soll mir's gehen? (mit etwas düsterem Lächeln) Man muß ja diese schnöde Welt nehmen, wie sie ist!

Eckard. Sehr richtig. — Ueberhaupt bemerk' ich, Du bist seit einiger Zeit so bedeutend geworden; so schwer= müthig=sarkastisch; so 'ne Mischung von Hamlet und Me= phisto, die wir noch nicht hatten.

Oskar. Du willst mich verhöhnen, scheint mir.

Eckard. O nein.

Oskar. Du hättest auch keinen Grund: (zögernd, mit einiger Anstrengung) denn ich bin grade jetzt wieder im Be= griff, Deine Sache zu führen — das heißt, auszufechten ... Erlaube mir nur eine Frage, Onkel — die mir auf der Seele liegt, schon seit einigen Tagen. Sie ist etwas heikel —

Eckard. Aber loswerden willst Du sie ja doch. Uebri= gens: „auszufechten" — was heißt das?

Oskar. Gleich! — (düster) Ich bin in einer verdammt schwierigen Lage, Onkel; bitte, hör' mich an! Gegen diesen Meerveld hab' ich mich damals, so zu sagen, für Dich ge= schlagen; jetzt erdreisten sich ein paar nach Witz schnappende Bursche, Anspielungen und Späße über Dich zu machen, die mir nicht gefallen — und auf die eine scharfe Abfuhr die richtige Antwort ist. Ich weiß aber selber nicht, wie die Sache steht ... Diese Herren behaupten, (mühsam) Frau Paula Dolberg und Herr Ulrich Eckard wären sich so nahe getreten, daß man es mit Recht die vollkommene Nächsten=

liebe nennen könne. Kannst Du mich ermächtigen, Onkel, den guten Leuten zu sagen, daß sie elende Lügner und Verleumder sind? (mit unsicherer Stimme) Oder — willst Du das nicht?

Eckard (ist stark zusammengezuckt; verfinstert). Was für eine sonderbare Fragestellung — von meinem Neffen zu mir. Und mit diesem Gesicht. Hätt'st Du diesen Gesellen Deine Meinung gesagt, ohne mich zu fragen, so hätt'st Du gethan, was sich für Dich schickt!

Oskar. Ich bitte um Entschuldigung, Onkel. Die Sache liegt für mich nicht so furchtbar einfach; (mit großer Anstrengung) ich habe selbst — — früher — — die genannte Dame hat mir — — (Legt unwillkürlich die Hand ans Herz.) Kurz, ich sage das nur, um Dir anzudeuten, daß mir die Frage sehr nah liegt; und Du thätest mir einen großen Gefallen, wenn Du einfach sagtest, sie ist Deine Geliebte nicht — wenn sie es nicht ist!

Eckard. Bist Du von Sinnen, Bursch? Ein solches Wort nimmst Du in den Mund? mir ins Gesicht?

Oskar. Verzeih —

Eckard. Von einer solchen Frau wagst Du so zu sprechen? Du, Oskar Eckard? Bist Du so verkommen, daß Du mir die Gemeinheiten Eures Kneipengeträtsches so frischweg ins Haus trägst? Sind das Deine Sitten?

Oskar. Du bist außer Dir. — Mein Gott, ich ahnte ja nicht —

Eckard. Was ahntest Du nicht? Daß ich von einer Frau, die Ehrfurcht verdient, nicht so reden lasse? Und Du Knabe Du — wenn Du ihr die Ehre angethan hast, ihr Dein Herz zu schenken — das deutest Du ja wohl an — so versagt Dir die Zunge nicht, so ein Wort zu sprechen? Was ist das für ein Umgang, der Dich so in den Schmutz zieht? Und was giebt Dir den Muth, mit mir zu reden wie mit Deinesgleichen?

Oskar. Ah! Das ist zu viel. In Deiner rasenden Aufregung, die ich nicht begreife, überschüttest Du mich mit Beleidigungen — die ich nicht verdiene. Ich war vielleicht dumm — gemein bin ich nicht. Aber mündig bin ich. Niemand giebt Dir das Recht, mich so zu beschimpfen. Ich werde meinen Vater bitten, in ein anderes Haus zu ziehen, wo ich nicht in Gefahr bin —

Eckard. Toller Junge Du! Beinahe verdientest Du, ich ließe Dich weiterziehn, und zöge die Hand von Dir — daß Deine Mündigkeit versuchen müßte, sich allein zu helfen!

Oskar (Eckard anstarrend). Ich versteh' Dich nicht. Ich hab' meinen Vater . . . Worüber lächelst Du? Bin ich denn Dein Kind? Leb' ich nicht von ihm? — Du ziehst die Brauen so hoch, machst so ein Gesicht. Wenn Du auch reicher bist, hat mein Vater nicht auch — — (Eckard wirft ihm einen düstern Blick von der Seite zu, sieht dann in steinerner Un= beweglichkeit vor sich hin.) Was soll dieser Blick? (unsicher wieder= holend) Hat denn mein Vater nicht auch —

Eckard (wieder äußerlich ruhig). Nein. — — Um Deines Vaters willen hab' ich Dir's nie gesagt; aber um Deinet= willen, scheint mir, muß es nun doch heraus. Es thut Dir gut, wenn Du klar siehst; Du fliegst sonst zu hoch. — Ja, er hatte, Dein Vater; aber er hat nicht mehr; weil er es verspielt hat. (Oskar fährt zusammen.) Das ist — einige Jahre her.

Oskar (nach einer Weile, stammelnd). Nichts mehr? — Nichts?

Eckard (langsam, schonend). Mein guter Oskar, es war wohl noch etwas weniger als nichts. Aber das ist — gereinigt. Brauchst Dich Deines Vaters darum nicht zu schämen; nur daß Du weißt, wie es ist. Und daß Du dem Spielteufel keinen Finger hingiebst —

Oskar. O mein Gott! — Du — ernährst uns ganz?

Eckard. Dafür bin ich der Bruder; das versteht sich von selbst. (Oskar wirft ihm von der Seite einen schmerzlich dank= baren, scheuen Blick zu; starrt dann zu Boden.) Da wir schon so weit sind, so will ich Dir noch ein Geständniß machen: es war abgemacht zwischen Deinem Vater und mir, Du solltest Dein Taschengeld nur durch mich bekommen; denn

— Du kennst Deinen Vater: ein seelenguter Mann, aber das Geld klebt schlecht in seiner Hand. Darum gewöhnt' ich Dich an meine gelegentliche „Großmuth", (mit fast gemüthlichem Lächeln) die eigentlich keine war: denn am Jahresende hatt' ich Dir ungefähr so viel „gelegentlich" zugesteckt, als ich Dir von vornherein in meinem Buch zugeschrieben hatte. Für diese kleine Komödie bitte ich um Nachsicht; von nun an beziehst Du, was Dir von Rechtswegen zukommt, ohne Bitte und ohne Dank.

Oskar. Onkel Ulrich! — Heiliger Gott! — (wühlt sich in den Haaren) Was für eine Enthüllung — — (schlägt sich in der Zerknirschung mit der Faust auf die Brust) und wie sprichst Du zu mir. Wie gut. Nachdem ich Dich so empört und beleidigt habe — ohne Absicht, Onkel — aus verfluchter Dummheit . . . (sich wieder mit der Hand in die Haare gerathend und vor sich hinstarrend) Und wir haben nichts!

Eckard. Doch; ihr habt Ulrich Eckard —

Oskar. Ja — wir haben Dich. Einen Mann — — Onkel Ulrich! (Ergreift Eckards Hand, schüttelt sie stark.) Wie steh' ich vor Dir da. Wie hast Du mich geknickt. Wie seh' ich zu Dir hinauf. Aber — glaube mir — ich bin auch ein Eckard — und diese schreckliche Stunde ist an mir nicht verloren — nein — sie thut mir gut. Ich werde den Ernst des Lebens —

Eckard (leise). Still! Dein Vater kommt! — Vor ihm nicht ein Wort; er soll's nicht erfahren!

Sechster Auftritt.

Die Vorigen; Felix (von links).

Felix (kommt, den Hut auf dem Kopf, den Inhalt seiner Brieftasche untersuchend; schüttelt endlich mit unzufriedener Miene den Kopf, blickt auf). Ihr beide hier. — Guten Abend.

Eckard. Guten Abend, Felix. Willst Du noch ausgehn?

Felix (etwas unsicher). Ich — dachte. (mit einem Blick auf die Brieftasche, die er wieder einsteckt) Vielleicht lass' ich's auch; genieße den Abend hier bei der „freundlichen Lampe“. (Stellt den Hut auf den Tisch.) Und Du?

Eckard. Ich habe noch was zu thun — ei, Vetter Käthchen kommt. Später seh’ ich Dich wohl noch hier. Also auf Wiedersehn!

Felix. Ich hoffe! (Eckard rechts ab.) Nun, und Du, mein Junge? Du stehst ja so umwölkt und verdüstert da, (heiter) als wäre der Mai des Lebens schon für Dich vor= über. Hast Du was begangen? Hat Onkel Ulrich Dich heruntergemacht?

Oskar (schüttelt den Kopf). Er hat mich — in die Höhe gebracht; hat mir die Augen — das Herz — — (abbrechend) Ich bin nur ernst, Vater; sonst ist mir nichts. — Und ich freu’ mich sehr — Dich wieder so gesund zu sehn!

Felix. Ja, mein guter Oskar, ich fühle mich wieder wohl und wählig wie ein junger Fisch. Darum dacht’ ich auch, (eine leichte Verlegenheit hinwegscherzend) diesen Abend noch durch eine kleine Zerstreuung zu verschönern; aber ich sehe da eben in meiner Brieftasche, daß — daß ich mich über meinen Vermögensstand getäuscht habe. Bist denn Du bei Kasse? Könntest Du Deinem Vater eine Kleinig= keit leihen?

Oskar (betroffen, eine Weile stumm; dann wie aufwachend). Leihen? O ja. Viel hab’ ich zwar selber nicht —

Felix. Gieb nur etwas her. (lächelnd) Nur damit die Herren Taschendiebe sich nicht an mir ärgern. (Nimmt eine Banknote, die Oskar hervorgeholt hat.) Danke. (Setzt seinen Hut wieder auf.) Der Abend ist so mild — und der Tag auch noch viel zu jung. Ich fliege noch ein bischen aus. Adieu! (Hinten ab.)

Oskar. Der Sohn leiht dem Vater das Geld seines Onkels. — — Wie mir die Welt auf einmal anders vorkommt — — oh! — Und ich hab’ einen „Moralischen“, der ist unaussprechlich!

Siebenter Auftritt.

Oskar; Käthchen (von hinten).

Käthchen (kommt mit einer Musikmappe, geht gegen die Thür rechts; sieht den in sich versunkenen Oskar, der sie nicht bemerkt, bleibt stehn; geht dann wieder weiter. Bleibt, nah an der Thür rechts, nochmals stehn; mit Anstrengung). Guten Abend, Herr Oskar.

Oskar (sich höflich und kalt verneigend). Guten Abend, mein Fräulein.

Käthchen (nach einer Stille). Grollen Sie mit mir, Herr Oskar?

Oskar (blickt sie an; herzlicher). Nein. Mit Ihnen nicht. — Wie käm' ich dazu. — Es giebt eine Dame, der ich grolle — ewig grollen werde — an der ich mich auch gerächt hätte, wenn mir nicht mein Stolz — — (Bricht ab.) Aber das interessirt Sie nicht. Und mich auch nicht mehr. Mein Onkel erwartet Sie. Sie wollen mit ihm spielen?

Käthchen. Ja. (auf ihre Musikmappe deutend) Vielleicht auch Neues. (mühsam) Es — interessirte mich wohl — — aber Sie wollen wohl lieber nicht darüber sprechen. Tante Molly hat mir erzählt —

Oskar. Natürlich! Und Sie haben gewiß recht von Herzen gelacht! (Sie lächelt, schüttelt aber den Kopf.) Was haben Sie denn da? Nasses in den Augen? (verwirrt) Sie lächeln — und haben dabei Thränen in den Augen. Fräulein Käthchen — was heißt das?

Käthchen. Fragen Sie doch nicht. Wozu: ein junges Mädchen darf ja doch so selten die Wahrheit sagen; (mit erzwungenem Lächeln) das ist uns verboten. Mir thut nur so Leid, daß wir uns jener Dame wegen nun gar nicht mehr sehn. (leiser) Und daß Sie nun zu Frau Paula — — (Oskar macht eine hastige Bewegung und verfinstert sich.) Ach, verzeihen Sie. Es ist Ihnen nicht recht, daß ich davon spreche. — Ich dachte, weil Sie mich — mit Ihrem Vertrauen beehrt hatten —

Oskar (düster lächelnd). Ja, ja. — Das liegt nun alles — Jahrhunderte hinter mir. Ich bin ein Anderer ge=

worden, gutes Fräulein Käthchen; ein ganz Anderer. Ueber
meine Illusionen von damals lächle ich, wie ein alter Mann
über die Thorheiten seiner Knabenjahre; und mein Herz
— das ist glücklich todt. (lächelnd, wie vorhin) Ungeheuer
todt. Wenn Sie sich mein Herz vorzustellen wünschen, so
denken Sie sich eine wüste Insel — ein verlassenes Wrack
— einen auf den Strand geworfenen Walfisch — oder
sonst eine verfaulende Größe aus der Naturgeschichte. Da=
mit sind wir fertig!

Käthchen (sucht zu lächeln). Ich denke mir, es ist noch
ziemlich jung und lebt wieder auf —

Oskar. Für solche Dummheiten nicht mehr. Für
den Ernst des Lebens — o ja! (nach rechts deutend) Sehn
Sie, dort, Fräulein Käthchen: dort wohnt ein Mann, dem
ich jetzt mein Herz schenke — den ich nicht so gekannt habe
— — den verehr' ich jetzt. Der ist was Anderes als so
eine Frau. Geben Sie nur Acht, und glauben Sie, was
ich Ihnen sage: dem will ich nach, und an dem richt' ich
mich doch noch wieder auf; und wer mich verhöhnt und
verachtet hat, soll sich einst noch wundern über Oskar Eckard!

Käthchen (mit ihrer wachsenden Bewegung kämpfend). Aber
wie reden Sie denn. Wer verachtet Sie. Und von „Wieder=
aufrichten" müssen Sie doch zu mir nicht sprechen: ich hab'
ja doch immer gewußt, was für ein Mensch Sie sind.
Besser und ehrlicher und tapferer und aufrichtiger als die
Andern; (lächelnd) und wenn Sie auch von „Dummheiten"
sprechen — klüger sind Sie auch. Und wenn Sie etwas
noch so Großes werden, werd' ich mich nicht wundern.
Sehn Sie: Onkel Ulrich — — das hat Ihnen noch ge=
fehlt, daß Sie den begriffen; nun werden Sie ihm nach=
gehn, mit Siebenmeilenstiefeln, und wenn Sie das thun,
holen Sie ihn auch ein!

Oskar (starrt sie eine Weile an). Sie sind aber ein merk=
würdiges — — Ich danke Ihnen für Ihre gute Meinung.
Sie machen ja aus mir einen — — Ach was, Unsinn —
danken! Ich bin ganz verwirrt, verweht: wie Sie reden
können. Wie Sie fühlen — denken. Und mit was für
einem guten, klugen, himmlischen Gesicht . . . Nein —

6*

sehn Sie nicht weg. Jetzt muß ich Sie sehn; jetzt thut mir das so gut — Sie ahnen ja nicht, wie gut. Käthchen! Fräulein Käthchen! Warum hatten Sie vorhin die Thränen in den Augen? Und nun wieder — da! da! — Fräulein Käthchen! Warum?

Käthchen. Fragen Sie mich nicht mehr. Ach, es ist so schrecklich, immer zu lügen, weil man ein Mädchen ist. Ich will nicht mehr lügen. Es ist eine Schande!

Oskar. Dann sagen Sie mir die Wahrheit, Fräulein Käthchen; wie Onkel Ulrichs „Vetter", „sachlich", gradeheraus! Warum kam Ihnen das in die Augen?

Käthchen. Warum? Weil mich das gekränkt hat, daß Tante Molly Ihnen — damals — nun, Sie wissen ja. Und weil mir leid that, daß Sie um Frau Paula solchen Kummer hatten. Und weil ich Ihnen viel zu gut bin . . . So, nun hab' ich's heraus. Nun denken Sie von mir, was Sie wollen. Sie haben mich „geachtet", davon wurd' ich nicht glücklich . . . Nun sehen Sie mich nie, nie wieder! (Stürzt hinaus, nach rechts.)

Oskar. Heiliger Gott! Mir „viel zu gut". Dieses Käthchen — mir. Und das sagt sie mir in dem Augenblick, wo ich ihr — — wo mein Herz — — (laut) Fräulein Käthchen! Käthchen! (Eilt zur Thür rechts. Man hört einen Schlüssel im Schloß sich drehn.) Sie sperrt zu! (Faßt den Drücker, schüttelt ihn.) Fräulein Käthchen! Lassen Sie mich hinein! Oder kommen Sie wieder! (nach kurzem Warten) Hören Sie mich an! Ich bin Ihnen ja gut! Die Binde ist mir von den Augen — sehen Sie denn nicht . . . Nein, das sieht sie nicht . . . (seine Stimme steigernd) Es ist ja alles nicht wahr! Mein Herz ist kein todter Walfisch — es schlägt — es will zu Ihnen — es liebt Sie — nur Sie! Es ist Ihnen ja lange gut — nur daß diese Schwärmerei, diese Seelenstörung — — Käthchen, kommen Sie doch! hören Sie mich doch an!

Achter Auftritt.

Oskar; Molly (von hinten).

Molly (tritt hinten in die Thür). O weh! Ist das Oskar? — Ich kneife wieder aus! (Will fort.)

Oskar. Wer ist da? (Wendet sich. Zusammenzuckend, für sich) Tante Molly!

Molly (resignirt, für sich). Hat mich schon gesehn!

Oskar (auf die Thür rechts blickend, bewegt, für sich). Käthchens Tante! (laut, sich mit Würde fassend, doch mit etwas unsicherer Stimme) Gnädige Frau, Sie haben mich vor einiger Zeit — märchenhaft beleidigt; — aber fürchten Sie nichts. Ich bin nicht mehr der Mann, den Sie damals kränkten; (wieder nach rechts blickend) es haben sich Dinge ereignet — es haben sich Gefühle entwickelt — (plötzlich vor Freude lachend und auf seine Brust schlagend, mit voller Stimme) ich bin glücklich! Glücklich! War blind! Hab' sie nicht gekannt —

Molly. Mich?

Oskar (nach rechts deutend). Nein — sie. Die da drinnen. Ich dachte nur immer, das ist dem Onkel sein Vetter ... Jetzt ist Klarheit! Klarheit! Und der Tag wird kommen, wo ich sie von Ihnen — — Jetzt muß ich hinaus. Luft. Sternenschein. Ich verzeihe Ihnen! — Bringen Sie ihr das! (Umarmt und küßt sie. Im Sturm hinten ab.)

Molly. Der hat entweder den Verstand verloren — oder ist zu Verstand gekommen. (die Achseln zuckend) Man muß abwarten, was es ist!

Neunter Auftritt.

Molly; Eckard (von rechts).

Eckard (tritt in die Thür; etwas unwillig). Aber ich bitte Dich, Oskar — man hört Dich im dritten Zimmer. Was hast Du denn deklamirt? (Bemerkt Molly, die näher tritt.) Sie hier! Tante Molly!

Molly. Ja. — Oskar ist fort. — Ich komme, meine Käthe wieder abzuholen —

Eckard. Käthe? Die ist ja noch gar nicht hier!

Molly. Was? Noch nicht hier?

Eckard. Ich hab' sie noch nicht gesehn. Ich saß in meinem Arbeitszimmer und schrieb; sie ist nicht gekommen.

Molly (auf die Thür rechts deutend). Aber da im Kla=vierzimmer?

Eckard. Ich ging ja eben durch; hab' sie nicht gesehn.

Molly (für sich). Ah! Sie hat sich versteckt! — — Jetzt versteh' ich Alles! (laut) Ich wollte mit ihr zu Frau von Heide gehn, um zu gratuliren; dort hat sich etwas er=eignet: Alma hat sich verlobt.

Eckard (lächelnd). Eine Ihrer „Nichten“.

Molly. Ja.

Eckard. Also doch die „Verlobungstante“!

Molly. Nach meiner Weise, Herr Eckard. Alma hat sich mit einem vortrefflichen jungen Mann verlobt, nachdem ich ihr krankes Herzchen geheilt und von einem mauvais sujet losgerissen hatte.

Eckard. Ah! Wünsche also Glück!

Molly (zögernd). Sie sagen, Käthe ist noch nicht hier. Kann ich ein Wort mit Ihnen sprechen, während ich auf sie warte? Haben Sie ein wenig Zeit?

Eckard (lächelnd). Für Verlobungsgeschichten nicht; aber für wichtige Sachen, ja.

Molly. Es handelt sich um Paula.

Eckard. Ja, dann hab' ich Zeit.

Molly. Fällt Ihnen nicht auf, Herr Eckard — daß Paula zurückgeht? daß sie abnimmt? sehr?

Eckard. Ich verstehe nicht. Ich denke, im Gegen=theil —!

Molly. Ah, Sie denken, wie immer, an den Geist; das Andre geht Sie nichts an. Nun, die geistige Paula, die florirt ja mächtig; — und hat viel erreicht, in der kurzen Zeit. Dieser Verein der reichen Frauen, der so

viel bekrittelt und bewitzelt wurde, er ist lebendig geworden,
er wächst, er behauptet sich; mit Ihrer Hilfe hat er sich
vernünftig organisirt, ein großer Fonds wird gegründet
für die freiwilligen Luxussteuern, ein Volkspalast ist in
Sicht; — und diese merkwürdige Paula schwimmt in dem
allen herum, als wär' es ihr Element. Ich bewundre sie.
— Aber ich bewundre sie lange nicht so sehr, als ich um
sie sorge!

Eckard. „Sorge"! Was heißt das?

Molly. Ich glaube wirklich, Herr Eckard, Sie haben
keine Augen. Paula's Haut ist ja fast schon durchsichtig
wie Seidenpapier. Sie hat nichts als Nerven. Sie sieht
oft so aus, als wär' sie im Traum. Manchmal ist sie's
auch — phantasirt fast im Wachen — weil sie Nachts
nicht schläft. Das alles in zwei Monaten; ein so gesundes
Geschöpf! Das ist ja ein Unsinn. Da denk' ich doch
schon zuweilen: zum Teufel mit der ganzen Menschenliebe
und mit den großen Ideen und mit Ulrich Eckard!

Eckard. Ich danke Ihnen. Also jetzt kommen Sie
zu mir. Dahin wollten Sie ja. — Also ich bin daran
Schuld, daß Frau Paula Dolberg nicht schläft und daß
ihre Nerven nicht gut sind!

Molly. Nun ja, gewiß: Sie sind daran Schuld.
Sie benehmen sich ja wie ein junger Mensch in der
ganzen Sache; (da er erwidern will) bitte! Sie sprechen immer
so furchtbar sachlich zu mir, ich bin heute so frei und nehme
auch kein Blatt vor den Mund! — Es ist plötzlich ein
großes Erstaunen über Sie gekommen, daß die Frauen —
die Sie so wenig kannten — doch auch nicht so übel sind;
und als müßten Sie bei Paula Dolberg in Einem Viertel-
jahr Alles nachholen, was Sie bei dem ganzen schwachen
Geschlecht in dreißig Jahren versäumt haben, schließen Sie
sich so herzhaft und so jugendlich naiv an, als wär' die
Paula ein Mannsbild — oder als kümmerte sich auf der
Welt kein Mensch um den Verkehr zwischen Mann und
Frau. Die Welt thut aber beinah nichts, als sich drum
bekümmern. Na, und so auch hier. Es giebt ja gar
keinen Kopf mehr in der ganzen Stadt, der nicht geschüttelt

wird. Und wer irgend kann, der schüttelt ihn so, daß
Paula es merkt. Davon wird sie nervös. Davon schläft
sie nicht. Und sie wird noch krank — oder närrisch. (mit
zornig hervorbrechendem Schmerz) Und ich hab' sie lieb wie ein
Kind!

Eckard (nach kurzem Schweigen). Sie sind nur her=
gekommen, um mir das alles zu sagen. — — Ich mag
Schuld haben; gut. Ich war zu oft bei Frau Paula —

Molly. Und zu spät, zu lange —

Eckard. Hätte das nicht thun sollen — weil die Welt
auf dem Schein besteht. Aber hab' ich mich denn auf=
gedrängt? War Frau Paula nicht —

Molly. Ebenso unvernünftig wie Sie: o ja! Die
stürzte sich auch wie toll in die „gute Sache“ — und vergaß,
daß Herr Ulrich Eckard keine Sache ist, sondern doch auch
ein Mensch. Und nun, wo sie's spürt, wie all die Nadeln
stechen, nun ist sie zu stolz. Ich rede mich ja wund: sie
sieht mich an und geht ab, und es bleibt beim Alten.
Darum komm' ich zu Ihnen. Der Mann muß diesmal
klüger sein als die Frau — was sonst selten vorkommt.
Bleiben kann es so nicht! Sie haben doch auch ein Herz,
wenn auch mehr für Sachen — Sie meinen es der Paula
doch gut — Sie wollen ja doch nicht, daß sie zu Grunde
geht; und sie geht zu Grunde — so oder so!

Eckard. Das — will ich freilich nicht. (mit finsterem
Lächeln) Es ist nur erstaunlich, daß mir die Welt auf einmal
die Ehre erweist, mich für gefährlich zu halten. Auch
durch Oskar hör' ich — — (Bricht ab.) Sonst galt ich ja
doch für ein völlig harmloses Geschöpf —

Molly. Die dumme Welt bildet sich wohl ein, Sie
wären in diesem Punkt zur Vernunft gekommen; sie kennt
Sie nicht so gut wie Sie oder ich!

Eckard (etwas bitter lächelnd). Hm! — — Mag wohl
sein. — — Also — was soll ich thun?

Molly. Was Ihnen möglich ist. Wären Sie nicht
der Eckard, so würd' ich mir ein Herz fassen und Ihnen

offen sagen: heirathen Sie sie! — Aber Sie wissen ja
selbst, dazu taugen Sie nicht. Also müssen wir —

Eckard (wie vorhin). Und wenn ich auch dazu taugte
— aber Sie haben ja Recht — so würde doch immer der
Andere sich bedenken; Paula Dolberg, mein' ich.

Molly. Darauf schwör' ich nicht! (ihre innere Angst
offenherzig verrathend) Die kennen Sie doch noch nicht. Die
würde aus Stolz, aus Kränkung, aus Verrücktheit vielleicht
beide Augen zumachen und ins Wasser springen — in
diese Ehe, mein' ich; nehmen Sie es nicht übel. Wenn's
aber geschehn wäre — nun, dann würde sie sehn: der ist
mit seinen Ideen verheirathet, aber nicht mit mir. Eine Frau,
Herr Eckard, kann sich für Ideen begeistern, o ja, wie ein
Mann; kann auch sachlich sein; aber in der Liebe, da
will sie einen Menschen haben; da verhungert sie ohne
etwas Poesie der Form — nehmen Sie's nicht übel.
Und so ginge die Paula dann erst recht zu Grunde . . .
Ich sage das ja nicht, um Sie zu kränken, Herr Eckard;
nur daß Sie mich verstehn!

Eckard. Ein wunderbares Gespräch zwischen einem
Mann und einer Frau. — Ja, Sie haben doch Recht:
(sucht zu lächeln) Ihr Talent ist weniger das Verloben als
das Gegentheil. — — Also, wenn wir denn nun die Ehe
glücklich hinter uns haben: was soll ich thun?

Molly. Paula Dolberg muß fort. (Jähe Bewegung
Eckard's.) Ja, sie muß fort; und Sie müssen ihr zureden,
denn sonst thut sie's nicht! — Sie reibt sich auf, wenn sie
bleibt; sie begeht noch Tollheiten, wenn die Welt sie ärgert;
sie bringt ihren guten Namen um — und zuletzt sich selbst.
Ich kenn' sie, Herr Eckard. Keine gewöhnliche Frau; —
ach mein Gott, gar zu wenig gewöhnlich; darum ver=
göttr' ich sie — und darum schimpf' ich sie aus — und
kann ihr nicht helfen. Sie müssen das; Sie. Ihnen
folgt sie, sonst Keinem. Sie sind ihr wie ein heiliges Buch!

Eckard. Ein Nachschlagebuch, nicht wahr, aus dem
man sich Raths erholt. Dazu bin ich gut. — Und doch
so gefährlich! — — Sie entschuldigen, das alles steigt mir
aber doch zu Kopf; macht mir einen Wirrwarr — ein To=

huwabohu. Das Zimmer thut mir nicht gut; so was muß ich in der Luft — in der kühlenden Abendluft — durch= denken . . . Sie entschuldigen! (Will gehn.)

Molly. Sie sehen aber doch ein, Paula muß fort? — Zunächst nach dem Süden, um ihre Gesundheit zu bessern — das ist ja ein guter Grund. Ich begleite sie. Das Weitere findet sich —

Eckard. Findet sich; natürlich. — Gewiß muß sie fort — wenn sie sonst zu Grunde geht, „so oder so"!

Molly. Darf ich ihr das sagen?

Eckard. Freilich. Alles, was Sie wollen. Sie nehmen aber nicht übel, wenn ich Sie verlasse —

Molly. Was denken Sie. Gute Nacht!

Eckard. Danke! — Gute Nacht! (Hinten ab.)

Molly. Armer, lieber Freund! — Ich hab' ihm so mit der großen Laterne geleuchtet — es hat ihn gekränkt. Aber was hilft's? Was nicht zusammen taugt, muß ja auseinander; und der und Paula — was für ein Ge= danke! (Geht zur Thür rechts; öffnet, ruft.) Käthchen! Wo bist Du?

Käthchen (draußen). Hier!

Molly. Komm; wir wollen fort, zu Heide's!

Zehnter Auftritt.

Molly; Käthchen (von rechts); später **Paula.**

Molly. Hattest Du Dich versteckt?

Käthchen. Versteckt? Ich?

Molly. Ja, Du.

Käthchen. Nein; eigentlich nicht. Ich stand nur — — (Wirft sich plötzlich an Molly's Brust, das Gesicht verbergend.) O Tante Molly!

Molly (weich). Ich weiß schon. Oskar Eckard.

Käthchen (hebt den Kopf, starrt sie an). Du weißt?

Molly (lächelnd). Bin ja Tante Molly. — Wie's in Dir aussah, du stummer Fisch, das hab' ich längst gemerkt; und Oskar — der hat mich vorhin, auf dieser Stelle, geküßt. — Ja, ja! (Käthchen sanft ans Herz drückend) Dabei könnt's wohl eine Weile bleiben; bis ihr etwas älter werdet: das werdet ihr ja gewiß. Jetzt zur Andern, zur Alma! Komm! (Paula tritt hinten ein, blaß, sehr erregt, verstört. Molly, erschrocken) Großer Gott! Du hier! (Geht rasch auf sie zu. Leise) Paula! Bist Du närrisch?

Paula (halblaut). Das ist nun schon alles eins ... (laut) Ich war bei Dir. Man sagte mir, Du seist hier. (leise) Schick die Kleine fort! fort! Ich muß mit Dir sprechen!

Molly (nach einem Blick auf Paula's Gesicht, für sich). Ach du guter Gott! (laut, zu Käthchen) Geh voraus, mein Herz. Nimm Dir einen Wagen; ich komme nach.

Käthchen (für sich). Fortgeschickt werd' ich immer. — Aber heute thut's nichts: (die Hand am Herzen, glücklich lächelnd) Oskar geht mit! (Hinten ab.)

Paula (hat ein offenes Briefchen hervorgezogen). Da! Lies dies Billet. Von der Frau von Heide!

Molly (liest). „Da mir die Verlobungsanzeige, die ich von Ihnen erwarten zu dürfen glaubte, bis heute nicht zugekommen ist, so muß ich Ihnen mit gewohnter Offenheit gestehn, daß ich mit andern Mitgliedern Ihres Vereins befürchte, es möchte uns übel ausgedeutet werden, wenn wir die bisher gepflogenen Beziehungen unverändert fortsetzen. Mittheilungen, die mir soeben zugehn, nöthigen mich vollends, Sie auf die Konsequenzen aufmerksam zu machen, die sich zu meinem Bedauern aus Ihrem Verhalten ergeben werden. — Mit Hochachtung" — — (Zerdrückt das Billet.) Da hast Du's. Der Skandal ist fertig! (Faßt sie am Arm.) Aber komm, Paula, komm! Besprechen wir das anderswo — nicht hier!

Paula (reißt sich los). Nach diesem Billet soll ich wohl noch fragen, ob sich etwas schickt oder nicht. (mit einem wilden Auflachen) Ich hab's nicht mehr nöthig! — — (auf das Briefchen klopfend) „Mittheilungen" ... Was für Mittheilungen?

Und was will sie? Was wollen sie? Sich aus dem
Verein zurückziehn, oder mich hinauswerfen? (wieder auf das
Billet schlagend) Ein schöner Stil, nicht wahr?

Molly (ihren Schmerz zu unterdrücken suchend). Du bist
wirklich ziemlich — — (Bewegt, ergänzend, die Hand nach der
Stirn.) Ich hab' Dir's gesagt! Ich hab' Dich gewarnt!
Eure langen Abende — in die Nacht hinein —

Paula. Bei Frau von Heide's Großmutter war ich
nicht sicherer als bei diesem Mann!

Molly. Danach fragt die Welt nicht. Und daß Du
ihn durchaus hier besuchen wolltest —

Paula. Zweimal! und mit Dir! — Um doch zu
sehn, wie so ein Mann wohnt und lebt —

Molly. Und das zweite Mal, um ihm äll' seine
Tische mit Blumen zu bedecken —

Paula. Nun ja! Sein Geburtstag!

Molly. Danach fragt auch die Welt!

Paula. Ich bitte Dich — hämm're nicht auf mir.
Ich kann nichts vertragen. Ich schlief eben auf einem
Stuhl vor Erschöpfung ein, als ihre Jungfer mit diesem
allerliebsten Brief kam. Ich bin sterbensmüde. Kann nur
nicht schlafen, weil die Wuth, weil der Schimpf mich wach=
hält. Zank' und schilt nicht mehr; sag' lieber: was nun
thun?

Molly. O ich möcht' sie ja alle umbringen, diese
lieben Damen. Aber (die Achseln zuckend) „was nun thun?"
Was auch Eckard meint. Fort!

Paula (war auf einen Stuhl gesunken, steht auf). Fort?
— Was auch Eckard meint? — Du hast ihn gesprochen?

Molly (nickt, etwas befangen). Vor einer Stunde; hier.
All' meine Sorgen um Dich ließen mir keine Ruhe —

Paula. Was auch Eckard meint? — Er räth mir,
zu gehn?

Molly. Zu Deinem Besten, ja. Damit Du Dich
nicht zerstörst; denn das thust Du ja. Damit die bösen

Zungen nicht mehr um Dich zischen. Darum sollst Du
fort!

Panla. Ich soll ihn — — (sich verbessernd) unser ge=
meinschaftliches Werk, das soll ich verlassen? Durch meine
Feigheit soll das wieder vergehn? Dazu räth er mir?

Molly. Nicht doch. Wo denkst Du hin. Den kennst
Du noch nicht. Du bist ja doch nicht die Sache — nur
eine Person. Wenn die Sache nur bleibt, das ist ihm
genug; und sie wird auch ohne Dich bleiben, dafür wird
er sorgen!

Paula (beißt sich auf die Lippe). Meinst Du. — Wie
unendlich beglückend und — schmeichelhaft für mich. — —
Nein. Es ist nicht so. Wie lieblos Du von ihm sprichst!

Molly. Lieblos? Das ist sein Charakter; das ist
seine Größe!

Paula (schließt die Augen). Eine vernichtende Größe.
— Allgütiger Gott! — — Nein, nein, nein. Du ver=
leumdest ihn. So ist Ulrich Eckard nicht! Ich hab' in sein
Herz gesehn — in seine Seele, mein' ich — da ist Wärme,
ist Feuer, Alles!

Molly. Den lehr' Du mich kennen! Da ist Feuer,
gewiß; da ist Alles, was gut und was edel ist; — aber,
geliebtes Kind, was ist ihm ein einzelner Mensch; er lebt
für die Menschheit. Was man so ein eigentliches Manns=
bild nennt, das ist er ja garnicht; er kann nicht thöricht
werden, er kann nicht knien, kann sich nicht verlieben. Er
ist so mehr der verkörperte Begriff einer guten Sache!

Paula (starrt sie lange an Tonlos). Meinst Du? (Geht,
leise schwankend, zuweilen die Augen schließend, von ihr hinweg; kommt
langsam zu der Chaiselongue links vom großen Tisch, sitzt dort, vom
Tisch abgewendet, in Ermattung nieder.)

Molly (unterdessen, für sich). Er saß ihr richtig irgend=
wo im Herzen. — Gott sei Dank, jetzt krieg' ich ihn da
heraus! (Geht zu Paula. Laut) Komm. Wir müssen fort.

Paula (schüttelt den Kopf). Ich will ihn hier erwarten.
Ich will mit ihm sprechen. Er soll es mir selber sagen

— sachlich, gradezu, ohne Form, ohne Rücksicht — daß er meint, ich soll fort!

Molly. Du sollst mit ihm sprechen, ja — aber doch nicht hier. Komm, Paula, komm . . . (plötzlich) O du großer Gott! Ich muß die Käthe ja abholen; die ist bei Frau von Heide —

Paula. Fran von Heide!

Molly. Ja. Ich ahnte ja noch nichts! — Nnn ist das Kind da allein . . . Und ich muß hinauf — muß thun, als wüßt' ich von nichts — geschwind die Alma um= armen — und mit der Käthe nach Haus!

Paula. Nun, so thu das; geh. Du findest mich dann schon bei Dir; (in die Luft starrend) denn allein kann ich jetzt nicht sein. Ich will ihm schreiben, er soll zu Dir kommen; heute Abend noch; er soll mir dann sagen, was ich thun soll, er soll dann entscheiden!

Molly. Da ist doch endlich Vernunft. So ist Alles gut. Ich stürme also fort . . . Wo willst Du ihm das schreiben, Kind?

Paula. Wo? (matt, hinter sich deutend) Hier; da liegt ja Alles. Und dann eil' ich zu Dir. Und auf Deinem Sofa hoff' ich einzuschlafen — endlich — bei Dir. So geh!

Molly (weich). Ja, ich gehe, mein Herz. Wie Du vernünstig bist. Du kommst gleich — gleich . . . (Paula nickt.) Also auf Wiedersehen bei mir! (für sich) Ach, es ist hart: Jeder für sich so ein herrliches, ausgesuchtes Wesen . . . Aber ich that meine Pflicht! (Hinten ab.)

Paula (sich aufraffend). Also schreiben — oder ich schlafe so im Sitzen ein. (Setzt sich auf derselben Chaiselongue an den Tisch, nimmt einen kleinen Bogen Briefpapier, legt ihn auf eine der Schreibmappen. Beginnt zu schreiben., „Sie haben mir" — — (Hebt den Bogen gegen ihr Gesicht.) Was für ein starker Par= füm; so schwül. — Ah! hier liegt ja Herr Felix; das ist sein Papier. Der hat ja in Allem, was klein ist, seine Art für sich! (Schreibt.) „Sie haben mir damals versprochen und gelobt, mir immer die Wahrheit zu sagen, rücksichts= los und sachlich; das beanspruche ich auch heut, wo mein

Schicksal sich entscheiden soll. Sachlichen Gründen werde
ich mich fügen; aber von meiner persönlichen Schwäche —
des Körpers oder der Seele — von der will ich nichts
hören" . . . (Läßt die Feder fallen.) Schwäche! Und indem
ich das schreibe, wird mir gar so schwach. Und dieser
Parfüm — wie ist der betäubend. Als hätt' ich getrunken.
Ich sehe ja die Welt nicht mehr; nicht einmal das Papier.
Ich fühle nicht einmal mehr, daß das Herz mir weh
thut . . . Ach, einen Augenblick diesen Rücken ruhn. (Legt
sich gegen die Lehne der Chaiselongue zurück, die Füße am Boden.)
Und dann weiterschreiben — (schlaftrunken) an Ulrich . . .
Warum sag' ich denn „Ulrich". — Und dann weiterschrei-
ben — (Schläft ein.)

Elfter Auftritt.

Paula; Eckard (von hinten).

Eckard. In dieser schwülen Frühlingsluft so herum-
zulaufen — das thut auch nicht gut. Da wird Einem ganz
aprilmäßig thöricht, gymnasiastenhaft aufgeregt zu Muth;
es melden sich ganz unmögliche Gedanken . . . (Kommt auf
der rechten Seite des Zimmers langsam in den Vordergrund.) Diese
gute Frau, diese Tante Molly hat mir Sachen ge-
sagt — — (Klopft einmal mit der Faust auf seine linke Brust.)
Ich hab' ein Gefühl, als hätte sie so mit ihrer kleinen Faust eine Stunde lang auf dieselbe Stelle geschlagen — hier. Es thut ganz richtig weh! — —
Also aus. Also wieder allein. (nach rechts blickend) Mit
dem Andern da! Die langen Abende wieder hier am
„Brüdertisch"; Jeder auf seiner Chaiselongue wie auf einer
Insel, (näher tretend) ich hier und er da . . . (Erblickt Paula.
Ist vor Ueberraschung eine Weile stumm.) Heiliger —! Wie
kommt Die hierher! (Erschrickt über seine Stimme, legt sich eine
Hand auf den Mund; mit leisem, ängstlichem Ton) Hm! — —
Nur nicht aufwecken. Sie liegt ja da wie ein Traum. So
blaß; so schön; und so unbegreiflich . . . In meinem
Zimmer; Paula. Auf der andern Chaiselongue; als lebten
wir so; als wären wir Mann und Frau . . . (die Hand
an seiner Stirn, tief athmend) Unsinn. Verrückt. Ich will

sie doch wecken; sie macht mich verrückt . . . (Bewegt sich; steht wieder still.) Nein, nein. Noch nicht wecken; dann ist Alles vorbei. Paula! Wie kommst Du hierher! zu mir! — Ach, wenn Du aufwachst, wirst Du wieder gehn — natürlich: (mit sich entladendem Gefühl, doch leise, wie verschämt) Du bist ja der Frühling — die Blume — mein Schönstes — die Poesie meines Lebens — und die bleibt ja nicht . . . (sie anstarrend, mechanisch wiederholend) Und die bleibt ja nicht! — — Ach, diese Frau hat Recht: Du schönes Bild kannst mich ja nicht lieben — und ich kann Dich schönes Bild ja nicht glücklich machen. Aber ein Schmerz, ein Schmerz — — So alt mußt' ich werden, um das so zu fühlen . . . (Es schüttelt ihn; er schluchzt laut.)

Paula (erwacht plötzlich; schlaftrunken). Wer stöhnt da? Tante Molly — — (Erblickt Eckard. Ganz verwirrt) Sie sind's. (um sich blickend) Und ich hier. — Ich bitte sehr um — — (Steht auf.) Sie also — Sie seufzten eben. Gott im Himmel, warum?

Eckard (lacht rasch und kurz auf). Nicht doch. Ein Irr= thum. Sie waren noch im Schlaf, haben falsch gehört.

Paula (betrachtet ihn eine Weile forschend). Sie haben Recht: Seufzen war es nicht. Es war Schluchzen —

Eckard. Wirklich! Immer besser! — Sie hören ja, im hal= ben Traum haben Sie geirrt. — Wie komm' ich zu der Ehre —?

Paula. Ich — suchte hier Tante Molly; dann wollte ich an Sie schreiben; da liegt's. In einer verrückten Müdigkeit bin ich eingeschlafen —

Eckard. Sie sehen elend aus. Ich bedaure sehr.

Paula. Tante Molly hat mir gesagt, Sie seien der Mei= nung, daß ich — fortgehen sollte. Ist das Ihre Meinung?

Eckard. Wohl möglich. — Ich will sagen: vielleicht hab' ich zu dieser Dame so etwas gesagt. Vorhin —

Paula. Ich verstehe nicht. Ist es Ihre eigene, aus= drückliche Meinung, oder nicht?

Eckard. Meine Meinung? — Ich weiß es nicht.

Paula. Verzeihen Sie: ich — staune. Sonst sehen Sie mit Ihrem klaren Verstand alles deutlich, bestimmt, und nun „wissen Sie's nicht"?

Eckard. Und nun weiß ich's nicht. — Aber sie wird wohl Recht haben, Ihre Tante Molly; eine so kluge Frau. Die Welt, um die es sich hier handelt, kennt sie besser als ich. (plötzlich, fast rauh) Sie müssen nun von hier fort!

Paula. Von hier fort —?

Eckard (hart). Ja. Aus dieser Wohnung. Ich bin zwar nur der Eckard — (mit halbem Lächeln) aber doch gefährlich. So weit doch gefährlich. Darum müssen Sie fort. — Und dann -- aus der Stadt!

Paula (nach einer Weile). Sie haben mir weiter nichts zu sagen?

Eckard. Nein.

Paula. Es ist Ihnen recht, daß ich die Stadt verlasse?

Eckard. Ja.

Paula. Und daß wir uns trennen?

Eckard. Ja.

Paula. Leben Sie wohl. (Sie geht nach hinten. Eckard sinkt auf dem Ende seiner Chaiselongue in sich zusammen; ein krampfhaftes Schluchzen befällt ihn. Sie bleibt aufhorchend stehn.) Was ist das? — Was ist Ihnen? (Er antwortet nicht, mit geschlossenen Augen vergebens gegen das Schluchzen ankämpfend. Sie kommt zurück.) Herr Eckard! — — Wenn so ein Mann weint, wie Sie, das ist ja entsetzlich. — Warum —?

Eckard. Weinen ist das nicht. Nur so ein Krampf, verstehn Sie —

Paula. Eckard!

Eckard. Ja, ich höre. So heißt der unglücklichste Mensch, den Sie kennen. Ich kann ohne Sie nicht — — Ich bin wie ein Knabe. Sie sollen fort, und ich kann nicht mehr ohne Sie leben!

Paula (vor Freude bebend). Wie? Sie können nicht —

Eckard. Nein. (vor ihr aufs Knie sinkend) Wie können Sie fortgehn, Paula! — Spät und grausam ist's über mich gekommen. Eine Frau wie Sie — — Alles in Ihnen wie zu meiner Wonne geschaffen — und mein Herz so jung — und nun wollen Sie fort!

Paula (hält sich vorn am großen Tisch aufrecht; die Augen geschlossen, matt lächelnd). Ich will ja nicht fort —

Zwölfter Auftritt.

Die Vorigen; Molly (von hinten).

Molly (in der Thür; wie erstarrt, für sich). Großer Gott! Er kann knien!

Paula (schwach). Aber stehn Sie auf; daß Sie mich halten: ich taumle —

Eckard (springt auf; hält sie in seinen Armen). Paula! — Was geschieht Ihnen?

Paula. Nichts. Mir ward nur das Herz so still. Die Ueberraschung — die Freude —

Eckard. Freude! — Paula!

Paula (langsam wieder zu sich kommend). Ja, die Freude. Das Glück. (Sucht seinen Mund, seinen Kopf zwischen den Händen haltend.) Da! (Küßt ihn.)

Eckard. Paula! — Das ist kein Traum — und doch nicht zu fassen. Du, Du — so an meiner Brust —

Paula. Und Dein! wenn Du willst!

Eckard. O Paula! (Küßt sie.)

Molly (die noch, gerührt und andächtig, im Hintergrunde steht). Amen!

Eckard (wie erwachend, wendet den Kopf). Wer ist das? — Sie hier?

Molly (weich). Ja; verzeihen Sie. Da ich Paula bei mir nicht fand — — Aber es thut ja nichts: nun finde ich sie ja hier! (Paula nickt und lächelt ihr zu.)

Eckard (langsam und mehrmals über Paula's Hand streichend, noch halb wie im Traum). Gute Tante Molly. Sie gaben sich so redlich Mühe, mich und sie zu trennen — und nun kam es so!

Molly (tritt näher). Ich hab' mich ja wohl unaussprechlich dumm in dieser Sache benommen. — Gott sei Dank, Ihr nicht!

(Der Vorhang fällt.)

Lightning Source UK Ltd.
Milton Keynes UK
UKHW011807021118
331648UK00012B/1903/P

9 780267 137053